詞林正韻

戈載著

文史哲出版社印行

國家圖書館出版品預行編目資料

詞林正韻/ 戈載著. – 再版. – 臺北市：文史哲, 民 95 印刷
面： 公分
ISBN 957-547-091-5（平裝）

1.聲類

802.412　　95010907

詞林正韻

著　者：戈　載
出版者：文史哲出版社
http://www.lapen.com.tw
登記證字號：行政院新聞局版臺業字五三三七號
發行人：彭正雄
發行所：文史哲出版社
印刷者：文史哲出版社
臺北市羅斯福路一段七十二巷四號
郵政劃撥帳號：一六一八〇一七五
電話886-2-23511028・傳真886-2-23965656
實價新臺幣二〇〇元
中華民國九十五年（2006）九月再版六刷

ISBN 957-547-091-5

詞林正韻目錄

頁

第三部　87

第八部　138

詞林正韻原序

吾友戈小蓮有才子曰順卿詞章學問稟受趨庭具傳家法更於塡詞一事引而申之講求積年遂多神悟每聞其言云詞之大要有二曰律曰韻病夫率爾倚聲者都不以此爲事於是欲起而救正之各著一書論韻者先成寫以示予發凡舉例詳哉言之皆探索於兩宋名公周柳姜張等集以抉其闡奥包孕宏富剖斷精微可謂心能通其故筆能暢其說者也此書既出非特從前詞韻各種之雲霧曠然盡埽將見而今而後庶無落韻之詞已予向者治經餘暇亦復

涉獵於此間嘗思之詞之有韻與律殆猶庖者之枕其籩豆縫人之製其裳衣皆自有所謂一定不易必不至糅飯於脊紉領於袂也萬一或然焉則三尺豎子鮮不瞥見而卽能爲之更正其失況握管塡詞往往列在名人才士豈其知反出若輩下哉何乃遵循矩矱屈指無幾承譌襲舛若是之踵相接也蓋其初以學爲苦以問爲恥久之遂流入於强不知以爲知而莫克自反凡事類然斯其一耳夫人難與慮始可與樂成前此之罔識適從勿論已今幸而分者合者所寬所嚴某部某字釐然在目取而用之可以坐收

不勞之獲明於計者自必翻然吾知世豈乏護前者亦當不敵遷善之衆也順卿此舉有功於詞洵不細矣其論律之書略已具藁能發前人所未發功可與論韻埒二書間或互相證明合而行之詞林指南於是乎備他日者編定見示不佞必又擊節賞歎曰正如某腹中所欲言一同今日也雖老矣尚願得而序之道光辛巳七月一雲散人顧千里書

余少喜爲倚聲之學凡花間蘭畹諸集未嘗不沈潛于此爲之旣久則益探求南北宋諸家之旨以自寫其性情至選韻與用律其合抝與否未能信也余友

戈子順卿工塡詞攷韻辨律尤極精當每遇吟讌時輙取同人詞爲之正誤如某作某字是某字非某句韻是律非某句律是韻非不少假借一時塡詞家翕然服之今年夏先出所著詞林正韻一書示余因得盡窺其體例部次門分字别始恍然其究心如此者深也今世操觚之士橫翔捷出動輒如意而究以音韻往往流蕩無節求其諧聲合拍矩矱從心什不得一此順卿詞林正韻一書出之恨晚也其書發凡定例極博辯之雄見聞之卓㝵以人狃于故習一旦欲挽流弊非剖析指證不能振聾起聵必且益討論之

益折服之擺脫傒徑而後俯就範圍否是則掉而不顧耳昔堯章論樂謂人須數十年不親樂器乃能變化氣質此以見去非就正之難茲則因其難而入于易也吾知此書一出家置一編不待菉斐軒韻本重雕而早已正學宋齋之失矣是爲序時道光紀元辛巳孟冬上澣琢卿弟董國琛拜譔

詞林正韻三卷吳縣戈載順卿譔順卿慨塡詞之家用韻舛雜於是乎有作凡以正塡詞者之誤韻書中別出單行本也其作是書之旨與其所以爲論者備見順卿所自爲凡例中吾獨病今世士大夫稍知操

翰莫不以詞自憙及乎糾正其得失則又諉爲小道無足深究夫誠有獨見其大者舍而弗爲可也既爲之矣而巧以自委是猶日在棊局之上而不知其有幾道也是書之作吾與沈君隱之實首發之顧皆卒卒無所成就順卿爲人整以暇參取李唐以來書韻而一以兩宋詞人之所用爲斷又暢發陽羨萬氏入聲有三聲之說而定其繆戾處由是從前諸家之號爲詞韻者始得畢掃其雲霧而詞之有韻異于他文具不與元人之所爲曲者相淆亂往吾與隱之持是論時衆弗善也順卿旁引確證或遂信之天下無知

愚賢不肖類皆中錮於先入之言而積悔於事理明達之後歸之弗善吾論者諸家之說主之耳順卿作爲是書人皆見之其不盡爲聾且瞶者可知也吾意世固有深沈好學之士必將起而攻擊之攻擊不勝而順卿之必無臆說又可知雖爲塡詞家小書卽後之言韻書者亦烏能廢是編乎陽羨萬氏所著詞律順卿嘗有所增損而正其缺失他日者更當出之以爲詞學之全也時辛巳長至日元和朱綬序

吾友戈子順卿新輯詞林正韻成問序於予予於韻學茫無所知若瞽者之倀倀行暗室然何敢序戈子

之書然既受而讀之見其剖析微茫分合咸有依據竊喜戈子之嘉惠後學苦心若是也則又不能無辭乃序之曰詞學始於唐而盛於兩宋其時即用爲樂章付之伶工被諸筦絃故必諧於聲律而後稱工自元曲盛行而詞僅爲學士大夫餘暇所涉獵按調製篇已詫博雅不復研究聲律而詞韻遂失傳此其受病匪伊朝夕矣　國初以來詞韻專書雖有數家各逞臆見罔合古人至學宋齋詞韻又失之太寬而爲近時所風行向嘗奉之爲金科玉律矣使不有戈子是書不幾終其身入於迷罔之路與夫爲事不究其

原猶之勿爲也爲學不探其精猶之勿學也今之爲詞學者亦盛矣而或與之講求聲律以蘄合於古人所以付伶工被筦絃之遺意則謹謝不敏或且援古人以自解曰彼倘如是余何必尺寸不踰哉夫古人用韻之寬莫如張叔夏然此其病耳學古人者將病之是從與抑去其病之爲愈也今戈子之書出而海內文人學士有志斯道者皆當爭奉爲圭臬即向之援古人以自解者宜亦思所變計矣豈非詞學之大幸與嘉淦不敏昔嘗不甚措意於此自有此書今且將揣聲協響以向所奉于學宋齋者改而奉戈子之

書焉庶乎其無謬戾矣道光元年歲在辛巳冬十一
月吳嘉洤序

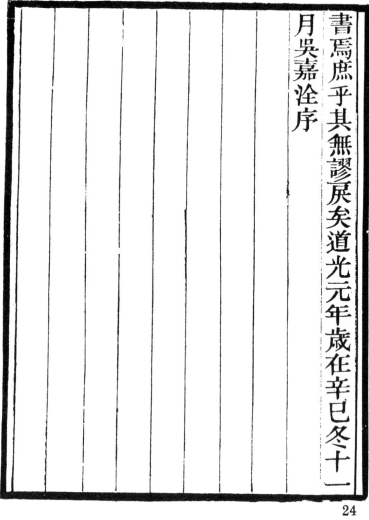

詞林正韻發凡　順卿自誌　佑遐重斠

詞學至今日可謂盛矣然塡詞之大要有二一曰律一曰韻律不協則聲音之道乖韻不審則宮調之理失二者並行不悖韻雖較爲淺近而實最多舛誤此無他恃才者不屑拘泥自守而謭陋之士往往取前人之稍濫者利其疏漏苟且附和借以自文其流蕩無節將何底止予心竊憂之因思古無詞韻古人之詞卽詞韻也古人用韻非必盡歸畫一而名手佳篇不一而足總以彼此相符灼然無弊者卽可援爲準的焉于是取古人之詞博考互

證細加辨晰覺其所用之韻或分或合或通或否
畛域所判瞭如指掌又復廣稽韻書裁酌繁簡求
協古音妄成獨斷凡三閱寒暑而卒事名曰詞林
正韻非敢正古人之譌實欲正今人之謬庶幾韻
正而律亦可正耳義例數條悉爲詳陳于左

詞始于唐唐時別無詞韻之書宋朱希眞嘗擬應制
詞韻十六條而外列入聲韻四部其後張輯釋之
馮取洽增之至元陶宗儀曾譏其淆混欲爲改定
而其書久佚目亦無自攷矣厲鶚論詞絕句有云
欲呼南渡諸公起韻本重雕菉斐軒注云曾見紹

興二年刊菉斐軒詞林要韻一册分東紅邦陽十九韻亦有上去入三聲作平聲者于是人皆知有菉斐軒詞韻而又未之見近秦敦夫先生取阮芸臺先生家藏詞林韻釋一名詞林要韻重爲開雕題曰宋菉斐軒刊本而跋中疑爲元明之季謬託又疑此書專爲北曲而設誠哉是言也觀其所分十九韻且無入聲則斷爲曲韻無疑樊榭偶未深究耳是欲輯詞韻前旣無可考而此書又不可據以爲本也　國初沈謙曾著詞韻略一編毛先舒爲之括略并註以東董江講支紙等標目平領上

去而止列平上似未該括入聲則連兩字曰屋沃曰覺藥又似紛雜且用陰氏韻目刪併既失其當則分合之界糢糊不清字復亂次以濟不歸一類其音更不明晰舛錯之譏實所難免同時有趙鑰曹亮武均撰詞韻與去矜大同小異若李漁之詞韻四卷列二十七部以支微部分爲三曰支紙寘曰圍委未曰奇起氣魚虞部分爲二曰魚雨御曰夫甫父家麻部分爲二曰家假駕曰嗟姐借覃鹽部分爲二曰甘感紺曰兼檢劒入聲則以屑葉爲一部厥月褐缺爲一部物北爲一部撻伐爲一部

以鄉音妄自分析尤爲不經至前此胡文煥文會堂詞韻平上去三聲用曲韻入聲用詩韻騎牆之見亦無根據近又有許昂霄緝詞韻考略亦以今韻分編平上去分十七部入聲分九部曰古通古轉曰今通今轉曰借叶自稱本樓敬思洗硯集中之論大旨以平聲貴嚴宜從古上去較寬可參用古今入聲更寬不妨從今但不知所謂古今者何古何今而又何所謂借叶癡人說夢更不足道所幸者諸書俱未風行猶不至謬以傳謬今塡詞家所奉爲圭臬信之不疑者則莫如吳烺程名世諸

人所著之學宋齋詞韻其書以學宋爲名宜其是矣乃所學者皆宋人誤處真諄臻文欣魂痕庚耕清青蒸登侵皆同用元寒桓刪山先仙覃談鹽沾嚴咸銜凡又皆併部入聲則物迄入質陌韻合盍業洽狎乏入月屑韻濫通取便騎駁不堪試取宋人名作讀之果盡若是之寬者乎且字數太略音切又無分合半通之韻則臆斷之去上兩見之字則偏收之種種疏謬其病百出不知而作貽誤來茲莫此爲甚而復有鄭春波者繼作綠漪亭詞韻以附會之羽翼之而詞韻遂因之大紊矣是古人

之詞具在無韻而有韻今人之韻成書有韻而無韻豈不大可笑哉是書列平上去爲十四部入聲爲五部共十九部皆取古人之名詞參酌而審定之盡去諸弊非謂前人之書皆非而予言獨是也不過求合于古一片苦心知音者自能鑒諒爾

詞韻與詩韻有別然其源即出於詩韻乃以詩韻分合之耳詩韻自南齊永明時謝眺王融劉繪范雲之徒盛爲文章始分平上去入爲四聲汝南周子乃作四聲切韻梁沈約繼之爲四聲譜此四聲之始而其書已久失傳隋仁壽初陸法言與劉臻顏

之推魏淵等八人論定南北是非古今通塞撰切
韻五卷唐儀鳳時郭知元等又附益之天寶中孫
愐諸人復加增補更名曰唐韻宋祥符初陳彭年
邱雝重修易名曰廣韻景德四年戚綸等承詔詳
定考試聲韻別名曰韻略景祐初宋祁鄭戩建言
以廣韻爲繁略失當乞別刋定卽命祁戩與賈昌
朝同修而丁度李淑典領之寶元二年書成詔名
曰集韻是自切韻始而唐韻而廣韻而韻略而集
韻名雖屢易而其書之體例未易總分爲二百六
部獨用同用所注了然非特可用之于詩卽用之

于詞亦無不可也至江北平水劉淵師心變古一切攺併省至一百七部而元初黃公紹古今韻會因之又有陰氏時中時夫著韻府羣玉復併上聲之拯部存一百六部字亦刪剩八千八百餘字較廣韻十之四集韻僅十之二此即今通行韻本考之於古鮮有合焉者矣即以詞論灰咍本爲二韻灰可以入支微咍可以入皆來元魂痕本爲三韻元可以入寒刪魂痕可以入眞文即佳泰卦三韻于詞有半通之例其字皆以切音分類各有經界分合自明乃妄爲刪併紛紜淆亂而塡詞者亦不

知所宗矣是書俱從舊目以詞盛于宋用宋代之書廣韻集韻稍有異同而集韻纂輯較後字最該廣近顧丈澗蘋以曹通政寅所刊朱氏傳鈔本漸已損泐重爲補完得還舊觀更可據依因以集韻爲本而字之次字之音俱從焉

詞韻與曲韻亦不同製曲用韻可以平上去通叶且無入聲如周德清中原音韻列東鍾江陽等十九部入聲則以之配隸三聲例曰廣其押韻爲作詞而設以予推之入爲瘂音欲調曼聲必諧三聲故凡入聲之正次清音轉上聲正濁作平次濁作去

隨音轉協始有所歸耳高安雖未明言其理而予測其大略如此實則宋時已有中州韻之書載嘯餘譜中不著撰人姓氏而凡例謂爲宋太祖時所編毛馳黃亦從其說是高安已有所本明范善溱又撰中州全韻　國初李書雲有音韻須知王鵕有音韻輯要此又本高安而廣之者至詞林韻釋與中原音韻亦同而標目大異如東鍾則曰東紅魚模則曰車夫桓歡則曰鸞端之類要其爲十九部以入聲配三聲則一也此皆曲韻也蓋中原音韻諸書支思與齊微分二部寒山桓歡先天分三

部家麻車遮分二部監咸廉纖分二部于曲則然于詞則不然況四聲缺入聲而詞則明明有必須用入之調斷不能缺故曲韻不可爲詞韻也惟入聲作三聲詞家亦多承用如晏幾道梁州令莫唱陽關曲曲字作邱雨切叶魚虞韻柳永女冠子樓臺悄似玉玉字作于句切又黃鶯兒暖律潛催幽谷谷字作公五切皆叶魚虞韻晁補之黃鶯兒兩兩三三修竹竹字作張汝切亦叶魚虞韻黃庭堅鼓笛令眼廝打過如拳踢踢字作他禮切叶支微韻辛棄疾醜奴兒慢過者一霎霎字作雙鮓切叶

家麻韻杜安世惜春令悶無緒玉簫拋擲擲字作
征移切叶支微韻張炎西子妝漫遙岑寸碧碧字
作邦彼切亦叶支微韻又徵招換頭京洛染緇塵
洛字須韻作郎到切叶蕭豪韻此皆以入聲作三
聲而押韻也又有作三聲而在句中者如歐陽修
摸魚子恨人去寂寂鳳枕孤難宿寂寂叶精妻切
柳永滿江紅待到頭終久問伊著著字叶池燒切
又望遠行斗酒十千十字叶繩知切蘇軾行香子
酒斟時須滿十分周邦彥一寸金便入魚鈎樂十
字入字同李景元帝臺春憶得盈盈拾翠侶拾字

亦同周邦彥又有瑞鶴仙正值寒食值字叶征移
切秦觀望海潮金谷俊游谷字叶公五切又金明
池才子倒玉山休訴玉字叶語居切吳文英無悶
鸞駕弄玉玉字同黃庭堅品令心下快活自省活
字叶華戈切辛棄疾千年調萬斛泉斛字叶紅姑
切呂渭老薄倖攜手處花明月滿月字叶胡靴切
姜夔暗香舊時月色吳文英江城梅花引帶書傍
月自鉏畦雨月字同万俟雅言梅花引家在日邊
日字叶人智切又三臺餳香更酒冷踏靑路踏字
叶當加切方千里瑞龍吟暮山翠接接字叶兹野

切又倒犯樓閣參差簾櫳悄閣字叶岡懊切陳允
平應天長曾慣識淒涼岑寂識字叶傷以切周密
醉太平眉銷額黃額字叶移介切諸如此類不可
悉數故用其以入作三聲之例而末仍列入聲五
部則入聲既不缺而以入作三聲者皆有切音人
亦知有限度不能濫施以自便矣

凡字有義有音義之訓釋宜詳略則反多掛漏是書
欲其清簡易尋不亂心目故皆不注至音則必不
可少音者何反切是也自來論反切者皆謂從三
十六字母攝入得其紐卽得其音字母者自見溪

羣疑以至影喻來日共三十六字或謂釋神珙撰或謂僧守溫撰或謂大唐舍利創字母後溫首座益以娘牀幫傍微奉六母其說不一要皆為唐宋間之書何則神珙反紐圖自序內稱唐有寗陽公南陽釋處忠撰元和韻譜則珙為憲宗以後之人可知斷不能指為北魏矣若反切實始于魏孫炎顏之推家訓張守節史記正義皆曰孫炎剏立反語崇文目叙曰孫炎始作字音于是有音韻之學其時初無字母也至司馬溫公始作切韻指掌圖列三十六字母淸濁分配等第交互七音具明並

未言及本之西域可見三十六字母皆爲華音不得以華嚴四十二字母遂混而同之也後金皇統年間有荆璞善達聲音將三十六字母添入韻中隨母取切泰和初韓道昭重爲改併撰五音集韻元劉鑑又有切韻指南皆以字母分等蓋既有字母卽可取以考證反切耳反切者卽牙舌脣齒喉之分以上下兩字相合而成音上字主去音求之別韻辨其呼音之淸濁而以入聲翻起先類其字纔歸其母後合其紐所謂雙聲是也下字主收音求之本韻淸濁互用如宮用角淸角用宮淸徵用

變徵變徵用徵清商清次清次濁並用次清次音
次清次用次濁音正濁用清音次商清濁並用變
商變商用次商清音羽清濁並用本次濁音次濁
用清音次羽清濁互用凡有闕字循序借補或純
用宮清亦可所謂疊韻是也反切既得則其音以
正其類以明不獨易于纂集且易于檢尋實則最
易于識字耳是書切音俱從集韻集韻與廣韻不
同廣韻亦多誤注以不宗廣韻不備論論集韻之
誤者如至韻位字作于累切累非本韻隊韻塊字
作苦會切會非本韻廢韻乂字作魚刈切刈即本

音虞韻輸字樞字皆作春朱切春已是春字之譌
同切有誤欣韻勤字作渠巾切巾非本韻霰韻縣
字作熒絹切絹非本韻乃係⿰飠肙字之譌而下⿰飠肙字
作集絹切亦誤效韻趠字作敕此切櫂字作直此
切橈字作女也切尤誤之易見者庚韻盲字作眉
耕切鎗字作楚耕切耕非本韻淸韻跉字作離身
切更誤映韻慶字作邱正切正非本韻黝韻糾字
作吉酉切酉非本韻儼韻儼字作魚檢切檢非本
韻質韻姞字作極乂切其誤亦顯末韻末字作莫
葛切葛非本韻乃一一皆從廣韻改正至拯韻拯

字廣韻集韻俱注無韻切音蒸上聲玆從韻略補

凡韻凡字廣韻集韻俱作符咸切咸非本韻玆從廣韻後添類隔更音和切改正又支微部內太半韻貝字作博蓋切霈字作普蓋切皆咍部內卦半韻派字作普卦切粺字作旁卦切今旣分部便非本韻故從中原音韻改家麻部內佳字同其入聲作三聲之字亦俱從中原音韻其餘有或從避或從便者閒亦參用廣韻就是書而論音切庶幾無憾與

集韻與廣韻標目亦有異同如第一部上聲一董廣

作董第三部去聲十四太廣作泰第四部上聲九
噳廣作麌第六部去聲二十六圂廣作慁第八部
平聲五爻廣作肴第十一部去聲四十八隥廣作
嶝第十四部平聲二十五沾廣作添去聲五十六
栝廣作㮇五十七驗廣作釅五十九鑒廣作鑑第
十八部入聲八勿廣作物十五舝廣作鎋三十帖
廣作怗此領韻之字易而其韻亦易若第十四部
之二十六嚴廣在二十八二十七咸廣在二十六
二十八銜廣在二十七第十九部之三十一業廣
在三十三三十二洽廣在三十一三十三狎廣在

三十二則并其全韻亦易位置因詞韻旣別分部升降無礙故皆從集韻其餘之仙作僊獮作𤥐篠作篠拯作拼敢作㪚此皆字形之異其義無別則仍書習見之字取其便覽唯十四部上聲第五十

廟諱以同類之䤧字領焉至其同用獨用本亦有異廣韻隊代同用廢獨用集韻則隊與代廢通廣韻問焮皆獨用集韻則問與焮通廣韻鹽添同用咸銜同用嚴凡同用集韻則鹽與沾嚴通咸與銜凡通廣韻鑑梵同用集韻則陷與鑑梵通廣韻葉帖同用

韻恭避

洽狎同用業乏同用集韻則葉與帖業通洽與狎
乏之通詞韻併部通用之寛更有甚于集韻者然隊
與代葉與業實不同部故分之而仍從其目歸一
例也
集韻與廣韻之字次第不同而所入之韻亦有彼此
如第六部眞韻之因寅巾銀醫五類集韻入諄而
因切伊眞寅切夷眞巾切居銀銀切魚巾醫切於
巾下字皆在眞韻且上份貧之切音即取巾字故
從廣韻移入又有贇筠囷麕四類集韻入諄切音
俱合而廣韻入眞其注仍作於倫爲贇去倫居筠

四切則與眞韻不合矣故從集韻上聲軫韻內⿰木盡
盡牝泯愍紖緊引磌窘十類集韻本入準韻吻韻
內惲字一類本入隱韻去聲震韻內儐信晉燼櫬
酳鎭陣吝菣印釁僅憖十四類本入稕韻問韻內
運訓捃郡醞五類本入焮韻圂韻內奔噴坌悶巽
寸焌七類本入恨韻第七部上聲旱韻內散鬢瓚
亶坦但嬾七類本入緩韻去聲翰韻內繖粲贊旦
炭憚爛難八類本入換韻第九部平聲歌韻內娑
蹉醝多他駝羅那八類本入戈韻第十二部平聲
尤韻內謀字一類本入侯韻第十四部上聲⿰足炎韻

義亦同者蓋其書原爲廣采字音不欲遺漏且因
古人之讀字各有不同耳是書於韻中音異而義
亦異者則並收之若音異而義不異則隨其切音
之宜古宜今者收之不以其次之先後也
詞之爲道最忌落腔落腔者卽丁仙現所謂落韻也
姜白石云十二宮住字不同不容相犯沈存中補
筆談載燕樂二十八調殺聲張玉田詞源論結聲
正訛不可轉入別腔住字殺聲結聲名雖異而實
不殊全賴平韻以歸之然此第言收音也而用韻
之喫緊處則在乎起調畢曲蓋一調有一調之起

有一調之畢某調當用何字起何字畢起是始韻畢是末韻有一定不易之則而住字殺聲結聲卽由是以別焉詞之諧不諧恃乎韻之合不合韻各有其類亦各有其音用之不紊始能融入本調收足本音耳韻有四呼七音三十一等呼分開合音辨宮商等敘清濁而其要則有六條一曰穿鼻二曰展輔三曰斂脣四曰抵齶五曰直喉六曰閉口穿鼻之韻東冬鍾江陽唐庚耕清青蒸登三部是也其字必從喉間反入穿鼻而出作收韻謂之穿鼻展輔之韻支脂之微齊灰佳半皆咍二部是也

內貶字一類本入儼韻第十八部入聲勿韻內屈𤞤倔鬱四類本入迄韻凡此皆切音不合從廣韻移正又第十二部去聲幼韻內謬字一類集韻在宥注眉救切不誤而幼字注伊謬切與廣韻同是謬字宜入幼韻廣韻爲是也第十七部入聲麥韻內獲字集韻在陌注胡陌切亦不誤而麥韻有莫獲古獲口獲等切則獲字宜入麥韻與畫一類亦廣韻爲是也故皆從廣韻唯十四部平聲廣韻鹽添同用銜咸同用添韻之字共十類其切音取兼字者五取咸字者五兼字在銜韻咸字更別爲韻

首一韻之切音全不合咸字切音取讒字而讒字乃在添韻又非本韻集韻兼字在沾卽添韻讒字在咸韻則皆合矣去聲驗韻內欠字劒字廣韻俱入梵韻而驗韻脅字注許欠切劒字切音亦取欠字是欠字劒字宜入驗韻皆集韻爲是也此種在詞韻既經併部爲彼爲此本屬兩可然字之切音最爲緊要不可混亂故必辨而晰之不辭謬妄輒爲改正以見謹嚴

集韻之字有一字數音者有一字一音而數義者有散見數韻而其義同者有收入一韻見數次而其

其字出口之後必展兩輔如笑狀作收韻謂之展輔斂脣之韻魚虞模蕭宵交豪尤侯幽三部是也其字在口半啟半閉斂其脣以作收韻謂之斂脣抵齶之韻眞諄臻文欣魂痕元寒桓刪山先仙二部是也其字將終之際以舌抵著上齶作收韻謂之抵齶直喉之韻歌戈佳半麻二部是也其字直出本音以作收韻謂之直喉閉口之韻侵覃談鹽沾嚴咸銜凡二部是也其字閉其口以作收韻謂之閉口凡平聲十四部已盡於此上去即隨之惟入聲有異耳入聲之本體後有論四聲表在亦可

類推至其叶三聲者則入某部卽從某音總不外此六條也明此六者庶幾韻不假借而起畢住字無不合矣又何慮其落韻乎

楊纘有作詞五要第四云要隨律押韻如越調水龍吟商調二郎神皆合用平入聲韻古詞俱押去聲所以轉摺怪異成不祥之音昧律者反稱賞之眞可解頤而啟齒也楊纘字守齋蘋洲漁笛譜中所稱紫霞翁者卽是諸詞書引之爲楊誠齋誤也守齋洞曉音律常與草窗論五凡工尺義理之妙未按管色早知其誤草窗之詞皆就而訂正之玉田

亦稱其持律甚嚴一字不苟作觀其所論可見矣予嘗卽其言而推之詞之用韻平仄兩途而有可以押平韻又可以押仄韻者正自不少其所謂仄乃入聲也如越調又有霜天曉角慶春宮商調又有憶秦娥其餘則雙調之慶佳節高平調之江城子中呂宮之柳梢靑仙呂宮之望梅花聲聲慢大石調之看花回兩同心小石調之南歌子用仄韻者皆宜入聲滿江紅有入南呂宮有入仙呂宮入南呂宮者卽白石所改平韻之體而要其本用入聲故可改也外此又有用仄韻而必須入聲者則

如越調之丹鳳吟大酺越調犯正宮之蘭陵王商
調之鳳凰閣三部樂霓裳中序第一應天長慢西
湖月解連環黃鐘宮之侍香金童曲江秋黃鐘商
之琵琶仙雙調之雨霖鈴仙呂宮之好事近蕙蘭
芳引六幺令暗香疎影仙呂犯商調之淒涼犯正
平調近之淡黃柳無射宮之惜紅衣正宮中呂宮
之尾犯中呂商之白苧夾鐘羽之玉京秋林鐘商
之一寸金南呂商之浪淘沙慢此皆宜用入聲韻
者勿概之曰仄而用上去也其用上去之調自是
通叶而亦稍有差別如黃鐘商之秋宵吟林鐘商

之淸商怨無射商之魚游春水宜單押上聲仙呂
調之玉樓春中呂調之菊花新雙調之翠樓吟宜
單押去聲復有一調中必須押上必須押去之處
有起韻結韻宜皆押上宜皆押去之處不能一一
臚列唐段安節樂府雜錄有五音二十八調之圖
平聲羽七調上聲角七調去聲宮七調入聲商七
調上平聲調爲徵聲以五音之徵有其聲無其調
故祇二十八調也所論皆塡腔叶韻之法更有商
角同用宮逐羽音之說可與紫霞翁之言相發明
作者宜細加考核隨律押韻更隨調擇韻則無轉

摺怪異之病矣

宋人詞有以方音爲叶者如黃魯直惜餘歡閣合同押林外洞仙歌鎖考同押曾覿釵頭鳳照透同押劉過轆轤金井溜倒同押吳文英法曲獻仙音冷向同押陳允平水龍吟草騍同押此皆以土音叶韻究屬不可爲法中原音韻諸書則以庚耕清之橫烹棚榮兄轟萌瓊登韻之崩朋甍肱等字俱入東鍾尤韻之罘蜉入魚虞此在中州音則然止可施之於曲詞則無有用者唯有借音之數字宋人多習用之如柳永鵲橋仙算密意幽歡盡成辜負

負字叶方佈切辛棄疾永遇樂憑誰問廉頗老矣尚能飯否否字叶方古切趙長卿南鄉子要底圓兒糖上浮浮字叶房逋切周邦彥大酺況蕭索青蕪國國字叶古六切潘元質倦尋芳待歸來碎揉花打打字叶當雅切姜夔疎影但暗憶江南江北北字叶逋沃切韓玉曲江秋亦用國北北叶屋沃韻吳文英端正好夜寒重長安紫陌陌字叶末各切燭影搖紅相間金茸翠畝畝字叶忙補切蔣捷女冠子羞與鬧蛾兒爭耍耍字叶霜馬切之類略舉數家已見一斑相沿至今既有音切便可遵用故

一一補于各韻之末註增補二字以別之此補音也復有補字者則太韻之奈字山韻之僝字耕韻之瞪字鐸韻之艧字盍韻之塔字皆從廣韻補集韻之所無又如麻韻之靴字寢韻之怎字沁韻之森字嚴韻之忺字德韻之冒字合韻之匼字則集韻廣韻俱無茲從韻會補入韻中應有之字故不標出增補損益之間或得其當與

詞韻分部必以平領上去者以詞有平仄互叶之體也平聲有陰陽之別即以韻目之字言之如東江支灰則為陰微魚文寒則為陽陰陽分而清濁判

焉張玉田詞源曾論寄閒集按之歌譜聲字皆協稍有不諧卽爲改正嘗作惜花春起早云鎖窗深深字歌之不協改爲幽字又不協再改爲明字乃協此三字皆平聲胡爲若是蓋因五音有脣齒喉舌鼻分輕淸重濁之故玉田所謂淸濁卽陰陽也明字爲陽深幽爲陰故歌時不同耳予謂平聲之陰陽一定之法士稍習四聲者卽能辨之況中原音韻已爲分列爲曲而設不得不然若作詞而欲付歌喉則凡古調皆有古人名作字字遵而用之自能合律是書爲正韻而作專嚴分合正不必宗

高安之例剖析諸韻改頭換面也上去自來通用無須變更唯上與去其音逈殊元和韻譜云上聲厲而舉去聲淸而遠相配用之方能抑揚有致故詞中之宜用上宜用去宜用上去宜用去上有不可假借之處關係非淺細心參攷自無混施之病至字有去上兩見者爲體爲用大有區別若祇一收則字旣不全不備且凡古人名作其斟酌出之者皆忽略視之矣不幾失古人之用心乎故凡兩見者皆兩收之以隨作者之審擇焉

四聲之中入聲最難分別中原音韻以入作三聲有

者惟支微魚虞皆來蕭豪歌戈家麻尤侯七部其音卽隨部轉叶此入聲而非入聲也若四聲表之以入分配則有無相反其說亦微有不同就詞韻而論莫如以屋沃燭爲東鍾之入聲覺藥鐸爲江陽之入聲質術櫛爲眞文之入聲勿迄月沒曷末黠舝屑薛葉帖爲寒刪之入聲陌麥昔職德爲庚青之入聲緝爲侵尋之入聲合盍業洽狎乏爲覃鹽之入聲其餘七部皆無則至當不易與前所論之穿鼻展輔六條不相乖而適相配矣合之高安之七部有入聲而入聲不于是全乎其餘韻書之

論入聲者亦不一其說顧炎武有古音表柴紹炳有古韻通畧江永有古韻標準分配互異各有當否而皆非所施於詞唯毛先舒所撰曲韻似有與詞合者如一屋單用二質七陌八緝通用五屑十葉通用亦可單用此爲南曲而設南曲即本乎詞其于宋詞之用韻信乎殊流而同源至以三曷六藥通用四轄九合通用則又與詞不合矣是書入聲分列五部歷觀古人名詞無有出此範圍者耳毛先舒之曲韻所分一屋二質韻目乃本洪武正韻也洪武正韻明太祖詔宋濂諸臣爲之共十六卷

註釋依毛晃父子禮部韻略之舊而韻則僅七十六部併者十之七析者十之三如一東則併冬鍾二支則併脂之而未全三齊則仍舊而以支之離鸝等字併入黎蔾類以脂之之肌姬微之機譏等字併入雞稽類四魚以虞韻併入五模則另為一韻而以魚之初入芻蔬入蘇六皆則併咍韻七灰另為一韻而以支之逶萎入煨類微之輝翬入灰類支之規微之歸齊之圭則併為一類餘若眉垂錐綏為帷葵衰誰吹等字俱併入焉八真則併諄臻文欣魂痕九寒則析出餐闌殘單灘檀難等字

入刪韻而十刪增入翻煩等字十一先增入軒暄袁元等字十二蕭則併宵韻十三爻則併豪韻十四歌則併戈韻麻則析之爲二曰十五麻十六遮十七陽則併江唐十八庚則併耕清青蒸登十九尤則併侯幽二十侵仍舊二十一覃則併談咸銜凡二十二鹽則併沾嚴上去亦各二十二韻皆隨平韻入聲卽前毛氏曲韻之目與諸韻書面目大改而于詞韻則相近若冬鍾入東江唐入陽咍入皆元入刪先魂痕入眞之類漁洋山人嘗論此書與宋詞暗合塡詞家所當援据是也然所併之韻

尙多不同如以支齊灰分爲三寒删先分爲三蕭爻分爲二覃鹽分爲二虞既入魚而與模仍别麻遮本合而反列兩部此皆不可即據爲詞韻也況韻目變易字數錯亂古意蕩然無存矣是書于分部之下但合其韻以示通用舊目舊次俱未移動俾作者通用之則爲詞專用之則仍可以爲詩非曰一書具兩書之用實不敢蔑古耳

詩韻分部甚嚴而許景宗會議其韻窄奏請合用宋景祐時詔國子監以禮部韻畧其韻窄者許令附近通用故有同用獨用之目至詞家則合而用之

者更寬卽由此意而推廣之耳若謂詞韻之合用
卽本古韻之通轉則非也古韻通轉始于武夷吳
棫韻補一書其例言謂皆集韻諸書所不載或載
而訓義不同或註釋未收者則補之徐蕆之序稱
其淵原精確朱子亦閒取之以叶三百篇之音然
其所注通轉頗多疎舛如文曰古轉眞是以通爲
轉也魂曰古轉眞痕曰古通眞是同類而一作通
一作轉也覃談鹽沾嚴咸銜凡亦同類而曰覃古
通刪談古通覃鹽古通先沾古通鹽咸銜古通刪
嚴古通先凡古通嚴且平之元曰古通眞平之覃

曰古通刪上之感曰古通銑去之願曰古通霰是平上去三聲前後不同也此不獨施之於詩有所不合卽詞亦不可遵而用之其後鄭庠有古音辨亦論通轉乃分爲六部東冬鍾江陽唐庚耕清靑蒸登皆協陽音支脂之微齊佳皆灰咍皆協支音眞諄臻文欣元魂痕寒桓刪山先仙皆協先音魚虞模歌戈麻皆協虞音蕭宵爻豪尤侯幽皆協尤音侵覃談鹽沾嚴咸銜凡皆協覃音所論皆古韻與詞韻之分合絶不相蒙勿謂吳鄭皆宋人可據爲則故併論及之若明郭正域所輯之韻經就才

老之韻補增數韻于平水韻中共一百十六部題
曰梁沈約休文撰類宋夏竦子喬集古吳棫才老
補叶明楊愼用修轉注其謬有不可勝言者魏李
登著聲類十卷其書已亡沈約但撰四聲譜不聞
撰類吳棫韻補言通言轉而未嘗言叶夏竦有古
文四聲韻多據汗簡作篆文今皆楷書與古文何
涉楊愼則有轉注古音略一書淺陋不堪何足援
引乃以吳棫韻補序楊愼轉注古音略序冠于首
更爲矯詐無理僞書之尤甚者已
詞韻較之詩韻雖寬要各有界域前所論之六條是

也異哉毛奇齡之言曰詞韻可任意取押支可通魚魚可通尤眞文元庚青蒸侵無不可通其他歌之與麻寒之與鹽無不可轉入聲則一十七韻展轉雜通無有定紀毛氏論韻穿鑿附會本多自我作古不料喪心病狂敗壞詞學至于此極夫古人所作豈無偶誤然名家雅製正復不少誤者居其一不誤者居其九予不解學古之人何以不學其多者而必學其少者且不學其是者而必學其非者乎自喜泛濫而反借古人以爲文過豈不可笑豈不可嘆是書所分十九部一以唐宋諸名家爲

據無敢稍縱實則至長之調二百餘字者不過二十餘韻若習用之調百字左右者不過十韻左右取材本韻已甚有餘而無不足又何必廣爲通轉乎

作詞字眼不貴生澀怪誕押韻亦然則不經見之字誠不可收然又不容太畧如瑪瑙之瑪茱萸之茱翡翠之翡鸂鶒之鸂徘徊躑躅之徘躅此類甚多學宋齋綠漪亭諸書皆在所不收第不能施于韻脚而字則習用既用矣平仄烏可不知故皆采入其餘見於經傳典雅可用之字亦收一二唯奇僻

過甚者仍從刪削計共字一萬三千一十四字尙
不及集韻十之三耳似亦不病其煩重也
夫著書立說豈易言哉以予庸才陋識何敢有所撰
述貽譏謬妄惟自揣音韻之學自幼嘗承庭訓見
家君與錢竹汀先生講論娓娓不倦予于末座時
竊緒餘家君所著有韻表互考併韻表韻類表字
母彙考字母會韻紀要諸書予皆謹謹校錄故于
韻學之源流升降異同得失頗窺門徑近又承顧
丈澗蘋談讌之餘指示不逮更稍稍能領其大畧
焉至倚聲之事致力已十數年凡昔人之詞集詞

選無不徧求而讀之曾輯六十家詞選七家詞選六十家者卽從汲古閣名家詞六集中選其名作七家者則周美成史邦卿姜堯章吳君特周公謹王聖與張叔夏也其餘自唐五代以迄元明有樂府正聲十二卷　國朝詞則效弁陽之例纂續絕妙好詞譜則萬氏最爲精審而猶多闕略由其所見之書少且律呂不明也予有訂定詞律之舉而尙未蕆事凡在舊編閒多新得卽詞之用韻亦籍此參互考訂引伸觸類而知之耳用敢直抒所見編輯成書同好慫恿勉付梓人誠知麤直性成指

陳或過不免開罪于曩哲亦恐獲愆于時流第志在合古不得不攻摘瑕疵以歸中正實慮譌誤淆混之處沿習既久沉溺難返韻學不明詞學亦因之而衰矣故凡糾正之公心並非譏彈之私意伏望海內君子采一家之言爲千慮之得恕其愚戇教其罣漏則幸甚矣時道光元年歲在辛巳孟夏之月朔日

詞林正韻卷上

吳縣 戈載 順卿 輯

第一部

平聲 一東二冬三鍾通用

東都籠切 涷蝀䍶通他東切 蓪侗恫狪𣻍𨋽同徒東切 童僮
侗瞳曈銅峒桐橦絧罿𦨴筒筩穜蕫潼烔衕鮦𪄳犝
𦏁酮氃戙籠盧東切 櫳聾嚨曨朧襱蘢瓏𧮯瀧龓龐𨙝
蓬蒲蒙切 芃篷韸髼𨎳蒙謨蓬切 幪濛雺艨矇饛鸏蠓懜𧭧
悤粗叢切 聰葱𨍉繱驄㚇租叢切 騣鬉豵猣鯼䗥椶稯緵
嵏樅鬷朡叢祖聰切 藂潨洪胡公切 葓篊紅鴻魟虹訌渱

烘呼公切空枯公切箜崆倥悾椌涳公沽紅切工功攻釭玒

蚣翁烏公切螉嗡豐敷馮切酆灃僼豐風方馮切楓瘋馮符風

切渢堸瞢謨中切傻嵩思融切崧娀菘充昌嵩切珫㤝䘪流

終之戎切螽𧑄戎而融切駥狨絨茙崇鉏弓切漴中陟隆切衷

忠忡敕中切浺盅翀蟲持中切爞沖隆良中切癃窿霳䨴融

余中切瀜彤雄胡弓切熊弓居雄切躬躳宮穹邱弓切芎窮渠弓

切藭

冬都宗切䨽彤徒冬切爞䆐農奴冬切噥䨺憹儂膿蕽鬆蘇宗

切宗祖賨切椶賨祖宗切悰琮淙鬃

鍾諸容切鐘松妐忪鈆舂書容切摏踳惷鶅衝昌容切憧鏞

常容切 慵茸如容切 茸毦毲媶蜙思恭切 淞凇樅七恭切 鏦瑽
摐縱將容切 蹤松祥容切 從牆容切 蠑丰敷容切 峯蜂鋒桻烽
峯封方容切 葑葑逢符容切 縫傭痴凶切 蹱重傳容切 蝩龍力鍾
切 龍醲尼容切 濃襛穠齈容餘封切 鬞褣庸鄘鎔鏞槦榕
蓉溶墉瑢鱅鰫𧒽跫邱恭切 恭居恭切 龔供共珙匈許容切
胷凶詾洶邕於容切 雝雝雍噰饔灉癰○魚容切 禺喁鰅
蛩渠容切 蛬邛笻

仄聲 一董二腫一送二宋三用通用

上聲

董覩動切 董蝀懂侗吐孔切 桶恫動杜孔切 嗵峒籠魯孔切 攏

琫補孔切玤蜯俸唪菶埲蠓毋總切曚矇懵幪捅損動切總

鬉祖動切傯稯猣蓯鬷嵸嗊虎孔切孔苦動切空汞戶孔切蓊

鄔孔切䨴滃螉塕𩱼䤗蒲蠓切䬬

腫之勇切種踵尰豎勇切宂乳勇切氄𣯧竦荀勇切悚慫聳駷

捧撫勇切冢展勇切湩寵丑勇切隴魯勇切壟甬尹竦切埇勇踊

慂俑衕湧蛹洶詡拱切訩恐丘勇切拱古勇切珙鞏栱䂬擁

委勇切壅

去聲

送蘇弄切淞糉作弄切傯緵㚇鯼糭凍多貢切涷棟蝀痛他貢切

洞徒弄切峒詷憅恫弄盧貢切哢齈奴凍切濃哄胡貢切鬨

控苦貢切 鞚空貢古送切 贛⿷匚贛⿰豕工戇⿱黃貝甕烏貢切 幪蒙貢切 霿

夢莫鳳切 瞢賵撫鳳切 諷方鳳切 鳳馮貢切 衆之仲切 ⿱雨彖⿱⺮烘呼貢切

噴中陟仲切 仲直衆切

宋蘇綜切 綜子宋切 統他綜切 譽曾宋切 ⿰口動胡宋切 湩冬宋切

用余頌切 俸房用切 縫葑芳用切 縱足用切 瘲頌似用切 誦訟從才用切 種朱用切 踵重儲用切 種恐欺用切 供居用切 拱共渠用切

雍於用切 灉⿺辶雍

第二部

平聲 四江十陽十一唐通用

江古雙切 茳豇扛杠矼釭腔枯江切 椌跫降胡江切 缸洚邦

悲江切　梆邦龎皮江切　韸逄尨莫江切　厖駹蛖䵨哤雙疎江切
艭䉶𨇅䂀窗初江切　摐鏦淙鉏江切　漴椿株江切　幢傳江切　撞
瀧閭江切

陽余章切　暘煬瑒徉佯洋鍚瘍颺楊羪羊垟禓芳敷方切
妨方分房切　坊肪祊枋鴋蚄房符方切　防魴亡武方切　忘望
宋鋩襄思將切　緗纕瓖驤相廂箱蘘瀼湘鑲蠰瑲千羊切
鏘將槍蹌斨牄嗆鶬將資良切　漿蔣醬詳徐羊切　祥庠
翔牆慈良切　檣戕嬙薔商尸羊切　觴傷殤湯鬺螪昌蚩良切
倡閶猖菖鯧鶬章諸良切　彰嫜璋墇漳樟麞常辰羊切　裳
嘗徜償鱨[illegible]穰如陽切　禳鬤攘懹纕瓤瀼躟勷霜師莊切

孀驦鸘創初良切瘡傖莊側羊切妝裝奘牀仕莊切張中良切
粻漲募抽良切倀瞠餦長仲良切腸場萇良呂張切量糧粱
梁涼䣼颹踉騴娘尼良切香虛良切薌鄉膷麘羌墟羊切蜣
薑居良切疆姜僵殭橿韁繮強渠良切鱷央於良切殃鞅鴦
鉠泱秧雵怏王雨方切惶餭徨匡曲王切筐恇劻眶狂渠王切洭
唐徒郎切餹堂塘溏篖棠䞶鶶螗螳碭當都郎切襠璫鐺
簹艡湯他郎切鐋鏜郎盧當切廊閬哴踉浪崀硠琅鋃蒗
莨稂桹榔狼駺蜋囊奴當切蠰幫逋旁切搒彭滂鋪郎切雱
磅旁蒲光切傍䠙芒謨郎切茫邙蘉盳桑蘇郎切喪𩧐倉千剛切

切蒼滄鶬臧兹郎切贓牂藏慈郎切穅邱岡切康慷岡居郎切
剛鋼綱亢犅迒蚢卬魚剛切昻駠棡航寒剛切杭行桁翃
吭頏蚢汪烏光切眐㠩呼光切荒慌肓衁㤺䀮光姑黄切洸
胱桄黄胡光切皇媓遑徨惶喤鍠瑝璜簧篁餭煌堭隍
潢湟艎凰騜鱑蝗鷬

仄聲　三講三十六養三十七蕩四絳四十一
漾四十二宕通用

上聲

講古項切港耩顜虎項切項戶講切缿棒部項切玤蚌
養以兩切癢瀁䑆象似兩切像橡潒樣蟓獎子兩切蔣槳兩

里養切輛𨐹魎鞅倚兩切怏𩛍柍強巨兩切鏹仰語兩切搶楚兩切愴想寫兩切鯗掌止兩切爽所兩切騻塽傸齒兩切氅廠僘

響許兩切嚮享饗蠁繈舉兩切襁丈雉兩切杖仗昶丑兩切壤汝兩切穰攘賞始兩切仿撫兩切紡鶭罔文紡切網惘蛧輞昉甫兩切倣瓬枉嫗往切往羽兩切暀怳詡往切謊長展兩切上是掌切俇俱往切迋

蕩待朗切盪崵蘯簜黨底朗切讜灙曭坦朗切帑儻倘惝朗里黨切硠閬曩乃朗切灢榜補朗切髈蒡莽母朗切䒬漭𨪐蟒𦬠顙寫朗切嗓磉褬蒼采朗切駔子朗切髒沆少朗切吭慷口朗切坱倚朗切泱盎晃戶廣切幌滉愰慌虎晃切恍廣古晃切㶁

鄒晃切

去聲

絳古巷切降洚巷胡降切欆楚降切戇陟降切䡴文降切幢撞
漾弋亮切羕樣恙養眻煬颺訪敷亮切放甫妄切舫妄無放切
忘望相思將切醬卽亮切將匠疾亮切䲵餉式亮切向嚮唱尺亮
切障之亮切嫜瘴尙時亮切上讓人樣切壯側亮切裝創楚亮切
愴狀助亮切帳知亮切脹漲粻悵丑亮切暢鬯韔仗直亮切長
杖諒力讓切亮喨䣼𩗬量兩緉釀女亮切鄉許亮切旺于放切
王迋況許放切貺誑古況切
宕大浪切踼碭儻他浪切盪蕩當下浪切擋浪郎宕切眼埌謗

補曠切 搒傍蒲浪切 蹚喪四浪切 葬則浪切 藏才浪切 臟吭下浪切 行桁亢口浪切 抗伉閌炕盎於浪切 醠曠苦謗切 壙纊桄古曠切

第三部

平聲 五支六脂七之八微十二齊十五灰通

用

支章移切 枝肢紙衼禔梔巵只氏菝鳷吱眵騹專垂切 施商支切 葹絁弛釃山宜切 籭褷欐吹姝爲切 炊差又宜切 鹺嵯 衰初危切 匙常支切 鍉垂是爲切 陲倕兒如支切 唲痿儒垂切 斯相支切 廝澌凘虒鷈螔榹雌七支切 貲將支切 訾髭媊觜鮆

疪才支切 玼 骴 茈 隨旬爲切 隋 知珍離切 蜘 腄株垂切 箠 摛抽知切
螭 魑 黐 痴 馳陳知切 篪 池 褫 鬌重垂切 錘 甀 離鄰知切 鸝
蠡 麗 縭 褵 灕 羅 蘺 籬 樆 醨 灕 璃 驪 孋 蠬 鸍 劙 穲 羸倫爲切
披攀糜切 帔 陂班糜切 羆 碑 錍 詖 皮蒲糜切 疲 郫 糜忙皮切
醾 縻 蘼 麿 卑府移切 庳 裨 俾 椑 萆 箄 陴符支切 埤 脾 紕 彌民卑切
瀰 鸍 移余支切 栘 匜 椸 𧝒 簃 扅 酏 暆 蛇 迤 祇巨支切 支
岐 歧 伎 蚑 軝 芪 蠵勻規切 規 隳許規切 規 窺缺規切 規 規均窺切 窺 摫 巂
居宜切 羈 奇 畸 掎 剞 犧虛宜切 羲 㕢 曦 巇 欹邱奇切 崎 觭 踦
𧋍 碕 奇渠基切 騎 錡 埼 漪於宜切 猗 椅 宜魚羈切 儀 艤 㕒 涯
崖 爲于嬀切 潙 鰞 麾吁爲切 撝 虧驅爲切 嬀俱爲切 隗 逶邕危切

委蜲萎危虞爲切
脂蒸夷切祗泜砥鴟隹朱惟切鵻騅錐尸升脂切鳲蓍師霜夷
切篩獅鰤螄衰雙隹切榱鴯稱脂切推川隹切蓷誰視隹切䝔
儒隹切緌浽私相咨切綏宣隹切雖濉咨津私切資齎姿粢齍
澬[illegible][illegible]茨才資切瓷胝張尼切追中葵切絺丑飢切郗瓻墀陳尼
切坻遲菭蚳椎傳追切槌鎚䊚棃良脂切蔾犁黧蜊[illegible]鵹
倫追切藟蘲樏嫘尼女夷切怩呢狔夷延知切姨洟痍彝鮧
蛦惟夷隹切維唯遺濰[illegible]帷洧悲切伊於夷切咿蛜飢居夷切
肌机龜居追切騩耆渠伊切鰭鬐祁葵渠惟切馗渠追切逵夔
騤戣巋邱追切丕敷悲切邳伾岯秠駓魾悲逋眉切毗頻脂

比琵枇笓貔魮阰紕眉武悲切嵋湄楣葿䐐黴麋郿蘪
之真而切芝菑莊持切緇輜錙淄鶅鯔詩申之切邿蚩充之切
媸嗤颸叉緇切時市之切塒蒔鰣漦俟菑切而人之切髵洏胹
陑栭輀鴯鮞思新茲切偲罳緦𥳑絲司蕬茲津之切孜孶
孖仔滋嵫鼒鎡鰦耔詞詳茲切辭祠慈牆之切磁鷀茲齜
癡超之切笞治澄之切持釐陵之切斄艃貍梩飴盈之切頤宧
台眙怡貽詒僖虛其切嬉嘻禧熙瞦欺邱其切僛姬居之切
朞基箕其萁醫於其切噫疑魚其切嶷觺其渠之切期碁旗
琪璂棊萁蘄淇祺麒騏鵋蜞
微無非切薇溦霏芳微切菲䬠妃婓裶騑非匪微切誹斐扉

緋飛肥符非切腓淝芭痱機居希切鐖禨幾譏饑璣磯蟣
歸居韋切希香依切稀俙欷晞桸鵗暉呼韋切輝揮鶤徽禕
翬⿰犭軍徽衣於希切依譩威於非切葳幃蝛沂魚衣切溰巍語韋
切蘄祈渠希切頎旂畿圻玂韋于非切違幃闈圍褘
齊前西切臍蠐懠西先齊切棲栖撕嘶犀妻千西切萋淒凄霋悽
齎牋西切隮擠齏氐都黎切低磾䩚羝梯天黎切綈鵜題田黎
切嗁提媞禔綈⿰巾虒蹏醍隄稊荑銻⿺是盧騠⿰虫弟鯷蕛泥年題
切鵹憐題切瓈藜雞堅奚切稽乩笄谿牽奚切鸂螇醯呼雞
切兮弦雞切奚⿰女奚傒蹊⿵風奚榽嵇徯鷖烟奚切⿱殹言嫛⿱殹土黳⿱殹石
倪研奚切齯⿰衤兒輗鯢霓蜺麑猊郳圭涓畦切閨窐邽袿鮭

奎傾畦切刲攜戶圭切嶲蠵觿畦酅篦邊兮切榌鎞𢄼狴椑
批篇迷切鈚砒鼙部迷切玭迷緜批切麛
灰呼回切豗虺恢枯回切詼悝魁盔隈烏回切椳喂煨緭偎
傀姑回切瑰櫰回胡隈切徊洄槐茴桅吾回切嵬磓都回切追
搥堆䭔鎚䡅通回切推蓷穨徒回切頹雷盧回切儡罍攂挼
索回切毸崔倉回切𨼊催摧昨回切漼桮哺枚切肧鋪枚切坏醅
抔阫裴蒲枚切徘培掊毰紑陪枚謨杯切梅莓媒禖脢玫
鋂煤

入聲作平聲

室繩知切鞋實石祏碩鼫射湜殖埴植食蝕溼十什拾

入褶悉星西切膝蟋昔惜席蓆夕汐錫裼晳析淅息熄
習襲隰堲精妻切唧疾嫉蒺積脊迹鯽籍藉績寂卽緝
葺輯潗集怭兵迷切佖泌苾弼佛髴逼幅愎踾窒張移切
挃銍帙秩征移切姪隻擲躑職織陟稙直犆值吉支移切
戟激擊極亟襋棘急給級及笈蝨詩之切赫亨移切嚇格
覈翮核劾黑獲胡歸切畫或惑的丁離切適嫡蹢甋鏑滴
菂逖籊狄敵踧迪覿滌笛荻翟賊則移切鰂蠈

仄聲　四紙五五旨六止七尾十一薺十四賄五
寘六至七志八八未十二霽十三祭十四
太半十八隊二十廢通用

上聲

紙掌氏切砥坻只咫枳軹疻弛賞是切豕侈尺氏切哆誃恀
姼是上紙切諟氏秖神紙切爾忍氏切邇邐所綺切灑屣簁纚
蓰釃襹揣楚委切捶主蘂切箠鍾菙是捶切縈乳捶切蘂蕊徙
想氏切璽此淺氏切佌泚紫蔣氏切茈訾呰批魮髓選委切瀡
靃嶲祖委切惢才捶切褫丑豸切豸丈爾切廌阤杝邐力紙切柅
乃倚切祢旎䣵酏演爾切迤企邱弭切跂跬犬蘂切頍綺去倚切
觭碕掎居綺切踦剞技巨綺切妓倚於綺切旖輢蘮裿蟻語綺
切錡艤頠五委切姽硊觤⿰危鳥委鄔毀切崣萎蔿羽委切⿰爲鳥薳⿵門爲
毀虎委切燬烜檓⿰毀阝苦委切頠垝詭古委切祪⿰金危桅蛫跪巨委

切俾補弭切髀鞞箄庀普弭切仳蚍婢部弭切庳弭母婢切瀰
敉芊𨇋彼甫委切被反彼切埤靡母被切孊𪊨靡䔧自爾切
旨軫視切恉指厎矢矧視切視善旨切水數軌切死想姊切姊蔣兕
切秭兕序姊切嶲展几切雉直几切洟履兩几切柅女履切壘曾水
切累𡼖藟蘽樏漯誄耒唯愈水切壝遺癸頸誄切揆巨癸
几舉履切机麂跽巨几切洧羽軌切鮪巋苦軌切軌矩鮪切簋匭
啚宄厬氿鄙補美切嚭普鄙切秠否部鄙切痞圮美母部切眯
匕補履切比妣秕疕
止諸市切趾址沚畤芷祉齒醜止切茝始首止切市士止切恃
耳忍止切駬珥滓壯仕切笫胏史爽仕切使駛士上士切仕柹

戺俟牀史切　涘枲想止切　葸子祖似切　仔秄梓似象齒切　巳祀
姒耜汜圯苢徵展里切　恥丑里切　峙丈里切　跱痔塒里兩耳切
理俚娌悝裏李鯉梩以養里切　已苡矣羽已切　唉喜許已切
蟢嬉起口巳切　屺杞芑己苟起切　紀巹擬偶起切　儗薿譩隱已
切　你乃里切
尾武斐切　娓亹斖梶斐妃尾切　[illegible]悱朏菲誹匪府尾切　篚棐
榧豨許豈切　唏𧆸豈去幾切　豈蟣舉豈切　幾機扆隱豈切　顗語豈
切　螘䃬羽鬼切　偉煒暐韡葦瑋緯韙虺詡鬼切　宄鬼矩偉切
磈
薺在禮切　鱭穧洗小禮切　姺濟子禮切　泲擠米母禮切　瀰陛部禮

切 邸典禮切 氐疧底柢詆抵觝弤砥阺體士禮切 涕緹醍
弟待禮切 娣悌遞禮里弟切 醴澧蠡鱧禰乃禮切 嬭泥昵貎
啟遣禮切 棨綮堄吾禮切 睨視
賄虎猥切 悔傀苦猥切 嵬塊瘣戶賄切 匯廆猥鄔賄切 椳痿琲
部浼切 浼母罪切 每痗漼取猥切 璀嗺罪粗賄切 辠腿吐猥切 磊
魯猥切 瘰礧櫑蕾儡餒弩罪切 娞

入聲作上聲

質張恥切 鑕礩隲蛭窒挃銍隻摭蹠炙職織陟執汁失
傷以切 室釋適奭襫螫識飾式軾拭濕叱目里切 尺赤斥
敕飭鷘悉喪擠切 膝蟋昔腊惜舄磶錫裼晳析淅蜥息

熄七倉洗切漆戚鏚傶䗩磩緝葺輯楫戢㙊將洗切積積
脊蹐迹績勣卽喞稷鯽必邦彼切畢饆驆滭珌韠蹕篳
鉍蓽泌飶苾辟䮠璧碧壁躄逼匹鋪米切僻癖澼擗劈
筆邦每切北詰邱己切蛣乞泣吉巾以切拮姞佶訖吃戟劇
屐激擊亟襋棘急給級汲芨一銀八切壹乙鳦瑟生止切
璱飋蝨歰迄香八切汔隙郤綌檄虩鬩吸潝的丁禮切適
嫡蹢靮鏑滴樀菂踢他禮切惕剔擿闃鶪殈虛己切測初里
切惻德當委切得忒他美切慝塞思子切則滋美切黑亨美切克
康委切剋刻國光委切

去聲

寘支義切 忮觶翅施智切 啻施豉是義切 鯷惴之瑞切 吹尺僞切
瑞樹僞切 倕睡諉而睡切 𩌦爭義切 屣賜斯義切 刺七賜切 莿庛
𢧵積子智切 漬疾智切 胔柴眥智知義切 詈力智切 離縋馳僞切
槌鎚硾甀累力僞切 縲易以豉切 貤施衪椸企去智切 跂蚑
縊於賜切 螠恚於避切 觖窺睡切 戲香義切 寄居義切 徛芰奇寄切
騎輢倚於義切 踦義宜寄切 議誼爲于僞切 餧於僞切 委僞危睡
切 譬匹智切 臂卑義切 躄避毗義切 比帔披義切 賁彼義切 詖陂
跛髲平義切 被骳
至脂利切 摯贄懥礩鷙織嗜時利切 視示神至切 謚二而至切
貳樲出尺類切 帥所類切 率四息利切 肆駟泗柶次七四切 佽

鬃紋恣資四次自疾二切遂雖遂切粹睟誶祟翠七醉切醉將遂

切檇遂徐醉切燧鐩隧襚旞璲繸檖篲穟穗萃秦醉切顇

悴瘁地徒二切致陟利切質疐躓輊懫屎丑二切緻直利切稺

稚治遲雉雉利力至切痢蒞颲膩女利切墜直類切懟類力遂

切䫌淚蘱肄羊至切勩廙棄詰致切遺以醉切壝蜼悸其季切

痵季居悸切屭虛器切咥器去冀切冀几利切覬概驥洎蔇暨

巨至切懿乙冀切饐噎劓魚器切位于愧切尉於位切喟邱愧切愧

基位切餽騩匱求位切櫃簣蕢饋畀必至切庇鼻毗至切痺寐

蜜二切祕兵媚切秘毖閟䪐泌邲費轡柲濞匹備切淠備平秘

切贔奰糒犕媚明秘切魅鏞

志職吏切誌識痣幟試式吏切熾昌志切埴饎侍時吏切蒔時
餌仍吏切珥咡刵胾側吏切鶅椔駛疏吏切使廁初吏切事仕吏
切笥相吏切思伺寺祥吏切嗣飼字疾置切孳置竹吏切値直吏
切植吏良志切異羊吏切食憙許記切亟去吏切記居吏切忌渠吏
切惎誋意於記切檍薏
未無沸切味費芳未切髴䰻茀沸方未切𬊤誹濆屝父沸切䠊
厞費翡狒蜚餼許既切塈愾⿰火氣霼摡氣邱既切⿰口氣旣居氣切
㮣衣於既切毅魚既切胃于貴切謂⿰忄胃媦緯渭⿰魚胃彙蝟諱許貴
切卉汻貴歸謂切尉紆胃切慰畏罻蔚瑋霨魏虞貴切犩
霽子計切濟擠隮穧細思計切壻些切七計切砌妻嚌才脂切

隮懠劑齊薺媲四計切睥閉必計切薜蒲計切謎莫計切帝丁計
切諦嚏楴蒂螮締替他計切剃揥涕裼屜薙弟大計切第
悌娣髢睇遰遞禘棣杕麗郎計切隸儷戾悷盭颲歷沴
蝷棙莀荔唳泥乃計切詎系胡計切繫係禊盻嫕顯計切契
詰計切鍥啓棨計吉詣切繼髻薊檵蛣医壹計切翳瞖嫛殪
噎堅瞖翳齸詣研計切恉羿睨堄霓慧胡桂切惠蕙櫘蟪
繐蔧嘒呼惠切嚖噦桂涓惠切罣趹
祭子例切際穄傺歲須銳切縳脆此芮切絕租芮切彗旋芮切轊
丗世始制切貰勢掣尺制切滯制征例切製晣鯯淛誓時制切
噬筮逝澨稅輸芮切說祱帨銳涚毳充芮切竁橇贅朱芮切

惙丑芮切 汭儒稅切 芮枘蜹餲於例切 瘞鷧憩去例切 揭猘居例

切 罽𦇯瀱偈其例切 衞于歲切 躗䜕劌姑衞切 橛蹶鱖滯直例

切 筣㴘例力制切 厲勵礪䓕𧕫蠣糲綴株衞切 餟曳以制切

拽䄌裔詍𣽤枻䆿洩㫼俞芮切 銳㓷倪祭切 藝槸囈褹必袂

切 鷩潎匹曳切 敝毗祭切 幣斃獘獙袂弭蔽切

貝邦昧切 䱝茷梖狽娧吐外切 蛻駾兌杜外切 酹郎外切 霈滂昧

切 沛旆眛莫貝切 沬昧𩏩最祖外切 會黃外切 繪璯譮呼外

切 䶐噦濊儈古外切 會襘膾獪廥澮旝檜薈烏外切 懀翽外五會

切

隊徒對切 䨴對懟錞遂𡋯對都內切 碓敦退吐內切 纇盧對

擂耒内奴對切 背補妹切 褙輩配滂佩切 妃佩蒲妹切 琲背悖
焙邶妹莫佩切 痗黴瑁秣碎蘇對切 誶倅取內切 淬焠啐晬
祖對切 綷潰胡對切 嬇讀繢薈誨呼內切 悔晦韇塊苦對切 憒
古對切 磑五對切
廢放吠切 祓橃肺芳廢切 吠房廢切 茷乂魚肺切 刈鴱薉烏廢切
穢饑濊喙許穢切

入聲作去聲

日入智切 衵馹入廿蜜忙閉切 宓蔤謐密覓冪塓汨栗郎帝
切 慄溧颲篥歷靂癧礫瓅皪鬲轢櫪曆瀝櫟力立粒
笠苙逸銀計切 佚佾軼泆溢鎰一壹乙逆益嗌齸繹襗

醳掖腋亦奕弈帟懌斁射譯驛嶧埸液易蜴役疫悐
溺鷁艗鷊匿㥾弋杙翼翊翌㚤億憶臆抑醷域淢罭
棫蜮緎閾揖挹熠邑浥悒裛唈劇強義切屐勒離妹切肋
扐泐墨忙背切默冒纆

第四部

平聲　九魚十虞十一模通用

魚牛居切漁於衣虛切菸淤虛休居切驉歔噓嘘墟邱於切祛
呿胠魼袪居斤於切据椐裾琚車腒渠求於切鶋蕖蘧籧
鐻璩磲醵胥新於切湑稰䱬蝑疽千餘切蛆雎狙趄沮岨
麆苴子余切且罝徐詳余切蔬山於切梳疏綀書商居切舒紓

璨初楚居切菹臻魚切諸專於切藷櫧礑蠩鋤牀魚切耡駔蜍常如切如人余切茹洳鴽豬張如切瀦攄抽居切摴樗瑹除陳如切儲躇滁篨蒢臚凌如切閭廬櫚潤驢袽女居切帤余羊諸切予歟譽妤悇輿旟餘畬萸璵狳鵌雓鱮芧嶼

虞元俱切禺愚娛澞嵎隅䗂鰅喁于雲俱切迂盂釪竽雩玗杅汙訏匈于切吁盱眗姁昫紆邕俱切靬陓雩穻區虧于切嶇驅摳軀鮬拘恭于切斞朐跔俱駒岣鮈痀絇劬其俱切癯躣衢瞿氍鸜枸敷芳無切蘛荂麩稃桴艀孚俘紨罦郛蜉枹鵂琈痡膚風無切趺夫鈇玞柎髯扶馮無切符苻芙莧夫泭鳧蚨鼓無微夫切毋蕪巫誣𢛍璑鷡廡𥖞

須相俞切鬚需繻𩓾蕦趨逡須切諏子于切輸式朱切毹山芻切
㡏萸樞昌朱切芻窗俞切朱章俱切邾絑珠侏袾硃㑏莊俱切
𦪻殊慵朱切銖殳洙茱雛崇芻切儒汝朱切濡襦繻嚅醹鱬
孺株追輸切誅跦蛛鴸姝貙椿俱切踰廚重株切躕幮慺龍珠
切婁蔞鏤漊瘻俞容朱切逾渝愉覦窬牏瑜貐揄楰臾
腴瘐揄歈諛褕騟羭蝓牏
模蒙哺切摹謨膜嫫獏鋪滂模切逋奔模切晡餔蒲薄胡切蒱
酺匍蘇孫租切穌酥麤聰徂切租宗蘇切徂昨胡切殂阼都東徒
切闍𤥭通都切稌徒同都切途塗峹鍍荼圖屠瘏酴駼鵌
鷵菟盧落胡切罏鑪壚顱矑嚧櫨纑瓐瀘艫轤蘆鱸鸕

奴農都切 孥帑駑砮⿱奴攴胡洪孤切 平壺瓠葫瑚餬糊醐弧

湖狐猢鶘孤攻乎切 辜姑酤沽觚柧菰呱橭罛鴣蛄枯

空胡切 刳鮬骷呼荒胡切 謼滹嫭吾訛胡切 吳齬鋘珸梧鼯

蜈䮏烏汪胡切 洿杇鴮嗚鄔陓窏〔增補〕浮房逋切

入聲作平聲

斛紅姑切 縠槲鵠鶻濮邦模切 樸僕暴曝瀑匐孛艴勃浡

渤蔟聰疏切 鏃族蹙顣踧縬牘東盧切 讀讟黷嬻犢髑匵

櫝瀆獨篤督毒纛突伏房夫切 服復絥茯輹複鵩佛咈

怫弗坲孰繩朱切 熟塾淑蜀蠋屬襡鸀贖術述秫朮逐

長如切 柚軸舳蓫躅育依居切 棛鬱苑蔚尉續詞疽切 藚俗

局其余切　踽傴掘玉語居切　聿雲俱切　適霱潏繘鷸驕兀吳姑
切　抓杌矹舤核胡姑切
仄聲　八語九噳十姥九御十遇十一暮通用
上聲
語偶舉切　齬圄圉禦籞敔許喜語切　滸去口舉切　蚷舉苟許切
莒筥椐巨日許切　拒秬柜距虡鉅詎炬歫稰寫與切　糈醑
湑蝑苴子與切　疽敘象呂切　序緒藇漵嶼鱮咀在呂切　沮跙
所爽阻切　阻壯所切　詛俎楚剏所切　齼礎齟狀所切　暑賞呂切　鼠
黍蠎癙鸒掌與切　渚杵敞呂切　處墅上與切　紓抒汝恐與切　籹
茹貯展呂切　著衧楮丑呂切　褚竚丈呂切　佇苎紵杼羜　呂兩舉

切 膂旅侶女 礪與切 與 演女切 藇予

嘆 五矩切 麌俁傴 委羽切 噢嫗詡 火羽切 喣昫欨煦姁栩詡

翊齲 顆羽切 踽矩 果羽切 椇枸㺃窶 郡羽切 羽 王矩切 禹偊雨

宇鄅瑀撫 斐父切 柎拊弣甫 匪父切 府俯腑脯黼簠斧蚥

莆鬴父 奉甫切 輔䩉釜腐䄮武 罔甫切 舞侮嫵憮膴廡甒

碔甒鵡取 此主切 聚 在庾切 數 爽主切 籔主 腫庾切 炷麈豎 上主

切 裋樹乳 而主切 醹黈 冢庾切 拄柱 重主切 縷 力主切 褸僂謱

嶁漊簍蔞庾 勇主切 斞愈瘉瘐窳楰貐

姥 滿補切 莽牡普 頗五切 溥浦補 彼五切 譜圃簿 伴姥切 部鞴

祖 則古切 珇組靻 董五切 賭堵土 統五切 吐杜 動五切 荰肚䏙

郎古切虜鹵櫓艣怒暖五切弩砮努弩虎火五切琥滸苦孔五

切筶古果五切詁鼓瞽股賈盬蠱罟牯羖估酤戶後五

怙祜婟扈鄠岵簄楛雇鴮於五切鄔溩五阮古切伍仵迕

午增補缶方古切否母忙補切某畝

入聲作上聲

屋汪古切剭沃鋈兀杌屼哭匡五切酷嚳窟矻縠公五切轂

谷告牿梏骨汩愲滑淈卜邦母切撲滂母切醭速僧祖切餗

蔌樕蔟聰所切鏃秃湯魯切鵚福方補切腹複幅輻復蝠輹

葍馥拂刜髴弗敹黻綍紱茀汶肅宣羽切夙宿飅蓿鷫

驌蹵倉午切顣蹴菽傷主切叔俶縮謖蹜束祝張汝切粥粥

竹竺筑築燭屬囑矚瘃斸𧆓昌所切畜慉觸歜蓄虛矩切

旭勖頊洫麴邱雨切曲苖屈詘倔䘿匊居雨切掬踘鞠鞫

[illegible]菊鵴挶獝橘郁於舉切澳隩燠噢薁鬱蔚尉篤當午切

督粟須取切剩卹恤賉戌促此主切趗足慈呂切卒

去聲

御牛倨切馭敔語飫依倨切醧棜瘀菸淤去邱倨切據居御切

倨踞鋸鐻据遽其倨切醵絮息倨切覷七慮切狙怚將豫切沮

疏所倨切詛莊助切俎助牀倨切[illegible]恕商署切庶處昌倨切翥章恕切

署常恕切曙薯茹如倨切洳著陟慮切箸遲倨切除宁慮良倨切

鑢櫖女尼倨切豫羊茹切預譽與轝礜澦蕷鸒

遇元具切寓禺嫗威遇切饇煦吁句切昫酗姁呴𤛓區遇切屨
俱遇切鞻絇句瞿蒟懼其遇切具埧䫔颶芋王遇切雨裕俞戍
切諭籲覦赴芳遇切訃仆付方遇切傅賦附符遇切坿祔跗
賻駙鮒蚹柎務亡遇切婺霧鶩騖娶逡遇切趣足子句切聚
從遇切戍舂遇切輸注朱戍切註炷鑄䪒蛀疰馵咮樹殊遇切
裋澍孺儒遇切數色句切駐株遇切軴[illegible]住廚遇切屢良遇切
暮莫故切慕募墓怖普故切鋪布博故切佈步蒲故切捕哺餔
酺素蘇故切訴愬愫溯塑嗉措倉故切厝錯醋作宗祚切祚
存故切阼胙妬都故切奼斁蠹秅兔土故切吐度徒故切渡鍍
路魯故切輅賂璐露潞簬鷺簵奴故切怒護胡故切濩頀嫭

婟瓠互枑冱涸護謼荒故切庫苦故切袴胯顧古慕切雇詁

故固錮酤痼沍烏故切惡枑誤五故切悟寤晤捂迕忤增補

婦方佈切負阜副富

入聲作去聲

木忙故切沐霂楘鶩目睦繆牧苜穆没歿祿郎妬切漉盝

琭簏麓摝醁轆肉入注切辱蓐褥縟溽鄏入六郎據切陸

稑蔆蓼戮錄籙綠碌淥騄菉律繂嵂卒育于句切毓昱煜

鬻堉彧棫郁澳燠欲慾浴鵒玉獄蔚聿于具切遹矞霱

繘鷸驈勿亡赴切物岉沕訥乃故切肭

詞林正韻卷上

詞林正韻卷中

吳縣 戈載 順卿 輯

第五部

平聲 十三佳半 十四皆十六咍通用

佳居膎切 街 膎戶佳切 鮭 鞵 徯 厓宜佳切 崖 涯 睚 捱 牌蒲街切 簰 崽所佳切 籭 簁 釵初佳切 差 𢿌 柴鉏佳切 祡 𦎗

皆居諧切 偕 階 楷 稭 湝 喈 鶛 蝔 揩邱皆切 𦁷 挨英皆切 諧雄皆切 骸 乖公懷切 懷乎乖切 櫰 槐 淮 齋莊皆切 豺牀皆切 儕 排蒲皆切 俳 埋謨皆切 霾 尵幢乖切

咍呼來切 開邱哀切 該柯開切 賅 垓 陔 峐 荄 絯 豥 痎 咳何開切

孩頦鎧侅哀於開切 唉埃焌皚魚開切 獃⿰黑臺當來切 胎湯來切

台邰鮐臺堂來切 儓駘擡苔薹箈炱能奴來切 來郎才切 徠

棶麳萊崍騋鯠鰓桑才切 䰄顋毸猜倉來切 偲哉將來切 栽

裁裁牆來切 纔才材財

入聲作平聲

白巴埋切 帛舶鮊宅池齋切 澤擇襗檡蘀翟獲胡乖切 韄書

澅𠛅畫劃嫿嚍㦎蚱莊皆切 舴塞思哉切

仄聲 十二蟹十三駭十五海十四太半十五

卦半 十六怪十七夬十九代通用

上聲

蠏下買切 廨獬澥解佳買切 矮倚蠏切 枴古買切 罫擺補買切 罷
部買切 買母蠏切 嘪鷶灑所蠏切 躧䩖纚廌文蠏切 豸嬭女蠏切
攦初買切
駭下楷切 絯駴豥鍇口駭切 楷稭挨倚駭切 騃語駭切
海許亥切 醢愷可亥切 凱塏闓鎧嘅改已亥切 胲亥下改切 閡
欸倚亥切 毀僾倍簿亥切 痱采此宰切 採綵彩寀棌宰子亥切
載在昨宰切 茝昌亥切 待蕩亥切 迨殆駘靆怠紿箈乃奴亥切
熊

入聲作上聲

率升擺切 帥倅蟀櫛莊矮切 迮窄蚱舴咋責嘖幘簀摘讁

拍(鋪買切)魄珀劈百(逋買切)伯迫柏瓸檗擘拆(初改切)𢈹策

冊柵測惻客(溪蠏切)喀揢克尅刻格(雞矮切)挌骼觡隔䈓

膈革搹鬲槅嗝𦘕(歡拐切)湱剨虢(瓜矮切)㶁馘幗摑嘓䂸

蟈索(疎載切)溹摵𢹿愬𤶅捒側(莊改切)仄昃萴萴色(疎矮切)

嗇穡濇嬙

去聲

太(他蓋切)泰汰忕帶(當蓋切)大(徒蓋切)賴(落蓋切)賚癩瀨籟柰

奈(乃帶切)蔡(七蓋切)縩害(下蓋切)葢(居太切)丐藹(於蓋切)馤靄壒

㗒𤄒艾(牛蓋切)鳺外(五泰切)

懈(居隘切)廨嶰邂(下懈切)解隘(烏懈切)搤嗌派(滂賣切)粺(邦賣切)

粺賣莫懈切 曬所賣切 攦𨂷楚懈切 衩債側賣切 砦仕懈切 眦

怪古壞切 蒯苦怪切 蕢簣喟塊 壞胡怪切 壞聵五怪切 戒居拜切

誡介价界髮玠疥衸届魪芥械下介切 薤瀣骱齘欬乙界切

拜布怪切 湃怖拜切 憊步拜切 韛糒肳暮拜切 韎鎩所介切 殺

瘵側界切 祭

夬古邁切 獪澮快苦夬切 噲駃譮戶快切 𪓰餲於邁切 敗薄邁切

唄邁莫敗切 勱佅寨士邁切 嘬楚快切 啐倉夬切 蠆丑邁切 𧓉

代侍戴切 岱黛袋逮埭曃玳靆貸他代切 態戴丁代切 襶徠洛代切 睞賚耐乃代切 鼐褦塞先代切 簺賽再作代切 載縡菜

倉代切 埰縩在昨代切 慨口溉切 愾嘅欬鎧溉居代切 摡槩愛

於代切 僾薆靉曖璦礙牛代切 閡

入聲作去聲

陌忙拜切 佰貊駋貘驀麥霢脈覛墨啞移介切 額詻峉戹

阨搤軛輻搹奴帶切

第六部

平聲 十七眞十八諄十九臻二十文二十一

欣二十三魂二十四痕通用

眞之人切 ○胗桭甄磌鷏侲振袗稹縝申失人切 身娠伸

呻紳柛瞋稱人切 嗔辰丞眞切 晨宸臣神乘人切 人而鄰切 仁

辛斯人切 新薪莘親雌人切 津資辛切 璡秦匠鄰切 螓繽紕民

賓卑民切矉檳濱蠙頻毗賓切顰嬪嚬嬪蠙蘋繽民彌鄰切
份悲巾切彬玢邠豳貧皮巾切珉眉貧切岷閩○緡泯珍知鄰
切甄痴鄰切陳地鄰切塵鄰力珍切嶙粼磷潾璘瞵轔麟驎
獜獜鱗燐紉尼鄰切因伊眞切姻諲歅禋絪氤緸裀茵陻
闉湮駰硜寅夷眞切麕螾巾居銀切銀魚巾切珢誾狺垠嚚
於巾切
諄朱倫切惇肫春樞倫切純殊倫切蒓蓴醇錞○犉鶉脣船倫
切脣漘紃犉濡純切撋瞤荀須倫切詢恂洵郇峋珣逡七倫
切踆竣皴遵蹤倫切鵔旬松倫切巡循馴楯揗屯株倫切迍
窀杶敕倫切椿輴鶞倫力迍切綸掄淪侖棆輪䑳鯩勻俞倫

切昀汋鈞規倫切均贇紆倫切頵蝹筠于倫切苭囷區倫切菌
箘麕俱倫切
臻緇詵切搸榛溱蓁莘疏臻切姺侁詵甡駪
文無分切紋玟駇汶鳼閗蚊雯芬敷文切雰帉紛棻衯分
方文切饙汾符分切枌魵棼賁蕡濆轒羵焚鼖墳幩羒豶
頒氛黂馚雲王分切云芸秐妘鄖溳澐紜沄員⿰言云篔熅
於云切氳緼醞蝹轀熏許云切薰纁曛獯醺臐勳葷焄煇
君拘云切軍皸羣渠云切裠
欣許斤切炘訢昕殷於斤切慇斤舉欣切筋勤巨斤切懃慬芹
⿸虍斤魚斤切齗听

魂胡昆切餛渾煇獐緷昆公渾切褌崐琨錕蜫鯤騉鵾温
烏昆切轀殟縕瘟薀昏呼昆切婚惛閽棔涽坤枯昆切髡奔
逋昆切賁鷬歕鋪魂切噴盆步奔切湓門謨奔切捫[illegible]璊樠穈
孫蘇昆切猻搎蓀飧村粗尊切尊祖昆切罇存徂昆切蹲袸敦
都昆切墩弴暾他昆切燉啍屯徒渾切沌飩庉豚臀炖囤論
盧昆切崙麐奴昆切
痕胡恩切根古痕切跟恩烏痕切吞他根切

仄聲　十六軫十七準十八吻十九隱二十一
混二十二很二十一震二十二稕二十
三問二十四焮二十六圂二十七恨通

用

上聲

軫止忍切診疹昣鬒黰賑䚡袗紾縝眕稹矧矢忍切哂腎
是忍切裖蜃忍而軫切訒⿰木盡子忍切儘盡在忍切藎牝婢忍切臏
蠙泯彌盡切黽笢愍美隕切憫閔僩敏蠠紖丈忍切靷緊頸忍
切引以忍切縯鈏蚓磒羽敏切隕殞霣湏愪窘巨隕切菌箘
準主尹切蠢尺尹切惷鬊⿰馬春⿰亻舜盾豎尹切吮楯輴筍思尹切簨
隼尹庾準切允鈗⿰馬允狁
吻武粉切脗抆刎忞忿撫吻切魵粉府吻切黺憤父吻切弅坋
⿰鬼分惲於粉切蘊褞韞縕醞搵

隱倚謹切濦檼轞㶏隱謹几隱切堇巹槿墐觔初堇切近巨堇切

瘽听語近切

混戶衮切渾緷焜棍梱苦本切閫壼悃捆綑衮古本切緄輥

蓘滾鯀鮌穩鄔本切本補衮切畚笨楍部本切奔懣母本切損

鎖本切忖取本切刌撙祖本切噂蕼鱒粗本切囤杜本切盾沌遯

腯

很下懇切詪懇口很切墾齦

去聲

震之刃切賑振侲娠袗鬒慎時刃切蜃刃而振切仞仭訒認

軔牣儐必刃切鬢殯擯信思晉切訊孔迅阠汛晉即刃切縉

揗璡進燼徐刃切贐藎櫬初覲切襯儭酳士刃切鎮陟刃切瑱
疢丑刃切趁陣直刃切診吝良刃切躪橉藺○羊進切酳輴鼔
去刃切印伊刃切釁許愼切僅渠吝切覲瑾廑墐瘽饉殣憖魚僅
切
稕朱閏切諄舜輸閏切蕣瞬鬊順殊閏切閏如順切潤唆須閏切
陖濬浚駿稄俊祖峻切儁晙餕畯駿鵔颾雋殉徐閏切徇
問文運切聞紊絻抆汶忿芳問切魵糞方問切拚瀵僨奮分
符問切坋運王問切暈餫緷韗鄆韻鶤訓吁運切熏捃俱運切
皸郡具運切窘醞紆問切慍熅緼蘊
焮香靳切靳居焮切近巨靳切隱於靳切檼㥯垽語靳切

圂胡困切慁溷惛呼困切困苦悶切揾烏困切顐吾困切諢奔補悶切噴普悶切歕坌蒲悶切悶莫困切巽蘇困切潠遜寸村困切焌祖寸切⿱髟尊捘鐏徂悶切⿰𧾷存頓都困切敦鈍徒困切遁腯論盧困切嫩奴困切褪吐困切恨胡艮切艮古恨切硍苦恨切饐於恨切

第七部

平聲　二十二元二十五寒二十六桓二十七

刪二十八山一先二仙通用

元愚袁切原源邍沅嫄𤛚騵羱杬榞黿蚖袁于元切爰援媛園垣轅湲猿暄許元切喧諼諠萱壎貆晅咺鴛於袁切

鵷蜿宛怨䨲䅈䡝言魚軒切攑丘言切軒虛言切掀鶱鞬居言
切犍騝翻孚袁切旛幡繙番反藩方煩切樊蕃轓煩符袁切
繁緐袢璠礬墦蹯膰燔蠜笲蕡蘩樠模元切璊圈去爰切
寒河干切韓邗汗翰犴頇虛干切鼾看丘寒切刊栞干居寒切
乾肝竿杆玕䯠安於寒切鞍豻俄干切跚相干切珊姍餐千安
切殘財干切單多寒切禪殫丹簞癉鄲灘他干切攤嘆嘽幝
壇唐干切檀彈𤺺癉驙驒鱣闌郎干切讕欄蘭襴瀾斕難
那肝切
桓胡官切梡完丸峘洹汍紈綄芄莞萑脘皖歡呼官切讙
驩貛寬枯官切髖官古丸切倌冠觀棺剜烏丸切岏吾官切刓

潘鋪官切拚般逋潘切槃蒲官切盤般蹣胖鞶瘢鎜磐磻蟠
瞞謨官切漫謾慲顢鬗蹣墁曼槾饅鏝䨲鰻酸蘇官切狻
[illegible]鑽祖官切攢欑徂丸切襸穳耑多官切端褍𥟖鍴𦨵湍他官
切煓團徒官切剸慱摶漙鷒糰鱄鸞盧丸切鑾臠欒臠羉
圝變
刪師姦切潸關古還切癏擐彎烏關切灣𣘘蠻還戶關切環鐶
鍰寰闤轘澴鬟䴉圜姦居顏切菅顏牛姦切豩呼關切班逋還
切斑頒般鬉鳻玢攀披班切販蠻莫還切鸞曼
山師閒切疝訕潺鉏山切虥孱僝斒逋閒切斕力閒切閑何閒
橌嫺覵癇𩦊鷴掔丘閑切慳鬝閒居閑切艱蕑黰於閑切殷

鰥姑頑切　綸頑五切　鰥

先蘇前切　跣千倉先切　阡芊箋將先切　韉鑯濺諓戔前才先切

騙邊卑眠切　籩萹編楄鯿蹁蒲眠切　褊胼骿軿駢眠民堅切

顛多年切　巔瘨驜滇天他年切　蹎田亭年切　佃畋塡闐軥磌

鈿沺年奴顛切　蓮落賢切　憐零堅經天切　肩鈃鳽豣鵛肩牽

輕烟切　岍汧蚈枅賢胡千切　弦絃舷礥烟因蓮切　燕咽湮妍

五堅切　研趼涓圭淵切　蠲鵑稍䐣蜎䩨狷鋗呼淵切　駽弲〇

胡涓切　懸蚿淵縈年切　蘔

仙相然切　鮮鱻䴉躚秈鮮䙴遷親然切　韆櫏䉦煎子仙切　湔

鬋媊涎徐蓮切　錢財仙切　羶尸連切　扇煽燀稱延切　嘽饘諸延切

旃栴氈鸇禪時連切嬋蟬然如延切邅張連切驙鱣脠抽延

鋋梴纏澄延切躔廛瀍蟺連陵延切謰聯漣鏈槤嗹鰱甄

居延切嘕虛延切嫣延夷然切埏筵綖誔鋋蜒漹尤虔切焉焉

於虔切蔫鄢愆丘虔切褰騫攓搴乾渠焉切虔犍騝鍵揵鞭

卑連切篇篇紕延切偏瘺媥扁翩便毗連切平㛹楩緜武延切

棉芇[illegible]鸇已仙切宣荀緣切揎詮此緣切銓拴痊佺悛駩絟

筌縓荃鐫子泉切旋旬宣切還鏇璿璇漩嫙全從緣切牷泉

穿昌緣切川專朱遄切顓鱄甎篿剸遄純沿切篅船食川切壖

而宣切瓀椽重緣切傳攣閭員切沿余專切鉛櫞捐鳶緣翾許緣

切儇蠉嬛娟於緣切悁員于權切圓勬拘員切卷驅員切桊棬

權逵員切拳𤸫惓顴踡婘犈齤礶蜷鬈

仄聲　二十阮二十三旱二十四緩二十五潸
二十六產二十七銑二十八獮二十五
願二十八翰二十九換三十諫三十一
襉三十二霰三十三線通用

上聲

阮五遠切沅宛委遠切婉晼踠碗䩩韈琬晼苑菀蜿遠雨阮切咺火遠切愃諼暅烜綣苦遠切裷圈卷㦥許偃切攇𧕒鞬
紀偃切揵楗齞語偃切巘甗寋巨偃切傿郾於幰切偃隁堰鄢
褗鶠鶠鰋蝘反甫遠切返軬飯父遠切笲鴘晚武遠切挽娩

旱下罕切 睅罕許旱切 丆熯俔可旱切 衎笴古旱切 稈散蘇旱切
繖傘饊䰖子旱切 趲瓚在坦切 亶多旱切 癉坦他但切 但蕩旱切
袒誕𦨶繵疍嬾落旱切 讕
緩戶管切 捖澣綄梡莞盌烏管切 捥款苦緩切 窾管古緩切 琯
盥痯逭脘滿母伴切 懣鉡補滿切 伴部滿切 拌算損管切 篹纂
祖管切 纘酇穳短覩緩切 裋斷疃土緩切 緞杜管切 卵魯管切 暖
乃管切 餪
潸數板切 𤞻楚綰切 𧉷仕板切 撰雛綰切 饌赧乃板切 戁僩下赧切
僴撊睆戶板切 皖綰烏板切 捾版補綰切 板蝂鈑阪部板切 魬
產所簡切 摌𤚕嵼汕滻剗楚限切 鏟丳羼醆阻限切 琖棧仕限切

切輚嶘虥限下簡切僴賈限切襉柬揀眼語限切
銑蘇典切洗銑跣毨姺桄扁補典切匾褊藊辮婢典切牑聏
弥殄切典多殄切腆他典切靦㥏淟殄徒典切餮蜓沴撚乃殄切
顯呼典切韅蜆晛繭古典切襺皾峴胡典切睍犬苦泫切蜎於泫切
切畎古泫切狷羂泫胡犬切鉉琄鞙駽鋗
獮息淺切鮮燹癬蘚淺此演切翦子淺切揃戩諓媊鬋籛譾
踐在演切俴餞選須兗切巽雋粗兗切吮闡昌善切幝嘽燀顫
亶善切饘善上演切嬗膳墠墡鱓蟮鱔舛尺兗切喘荈膞市兗
切剸鱄軟乳兗切碝蝡譔士兗切僎褊俾緬切諞偏楩婢善切
緬彌兗切愐勔湎沔辨平免切辯邦免切免美辨切娩勉冕展

知輦切　禶輾蕆尹展切　邅丈善切　輦力展切　譴璉轉陟兗切　篆杜兗切　瑑臠力轉切　孌遣去演切　繾演以淺切　衍縯戭黃䗃蜑蠉香兗切　沇以轉切　駝兗蹇九件切　謇攓搴褰鍵巨展切　件喭語蹇切　甗讞卷古轉切　弮捲

去聲

願魚怨切　愿遠于願切　瑗媛楦呼願切　券區願切　豢綣勸圈具願切　怨紆願切　獻許建切　憲建居萬切　健渠建切　楗鍵堰於建切　甗牛堰切　虇販方願切　畈飯扶萬切　萬無販切　万曼輓蔓獌

翰侯旰切　韓駻豻悍汗瀚扞釬垾閈靬漢虛旰切　暵厈看苦旰切　侃衎旰居案切　盰幹蘇骭榦涆按於旰切　案岸魚旰切

頇喭犴繖先旰切　幓散粲蒼案切　璨燦㛑贊則旰切　讚𩯁穳

趲𡒄酇旦得案切　疸䱇鴠炭他案切　歎憚徒案切　但彈爛郎旰

切爤𦇛瓓讕難乃旦切

換胡玩切　逭喚呼玩切　奐煥渙貫古玩切　冠觀祼悺痯館瓘

爟灌鑵盥鏆鸛惋烏貫切　腕婉玩五換切　翫半博漫切　姅絆

靽判普半切　泮冸沜畔薄半切　叛伴縵莫半切　幔鞔漫墁攢

祖畔切　算蘇貫切　蒜竄七亂切　攛爨鑽祖算切　鍛都玩切　斷碫彖

吐玩切　褖段徒玩切　斷緞亂盧玩切　𤔔偄奴亂切

諫居晏切　晏於諫切　暥騴鷃曣鴈魚澗切　贗慣古患切　丱患胡慣

切宦轘繯槵豢擐襻普患切　昄慢莫晏切　嫚謾訕所晏切　汕

疝鏟初諫切棧仕諫切輚虥綰烏患切孿數患切篡初患切
襉居莧切間覸䙾澗莧侯襉切幻胡辦切扮博幻切盻普莧切瓣
皮莧切辦袒直莧切羼初莧切
霰先見切先蒨倉甸切茜綪倩篟薦作甸切荐才甸切洊臶袸
殿丁練切唸瑱他甸切電堂練切殿奠甸畋佃鈿淀澱靛闐
塡練郎甸切鍊湅揀楝萰晛乃見切見形甸切現韅呼甸切俔
輕甸切蜆見經甸切宴伊甸切讌醼咽嬿燕硯倪甸切趼豣縣
黃練切眩炫袨衒泫絢許縣切眴睊扃縣切[illegible]罥餶烏縣切徧
卑見切片匹見切麪莫甸切瞑眄衊湎綻治見切駽犬縣切
線私箭切箭子賤切鬋濺煎餞羨似面切賤才線切選須絹切潠

縓取絹切漩隨戀切旋鏇淀嫙扇式戰切謆煽蝙戰之膳切顫
繕時戰切禪膳嬗擅單墠剸之囀切釧尺絹切穿玔堧儒囀切
饌七戀切譔僎撰腆纏直碾切邅輾女箭切碾囀株戀切轉傳
柱戀切瑑戀力眷切衍延面切延莚涎譴詰戰切掾俞絹切緣⿰弓彖
蝝絹規掾切狷悁彥魚戰切唁諺甗讞瑗于眷切援媛褑院
鍰楥眷古倦切睠韏倦逵眷切便毗面切面彌箭切偭變彼眷切
卞皮變切汴弁抃忭玣串尺絹切

第八部

平聲　三蕭四宵五爻六豪通用

蕭先彫切簫箾橚彇⿰風蕭蠨熽貂丁聊切雕鵰刁琱彫凋芀

船鯛祧他雕切庣挑恌朓條迢田聊切跳佻髫鞀調鞗條
苕岧蜩鰷鮡怊聊落蕭切膋暸嘹飉僚竂寥遼撩嫽憀
料敹廫鐐繚橑簝漻潦燎獠鷯蟟驍古堯切梟蟂澆膮
嘵許么切憢蹺牽么切蹻幺伊堯切怮紗堯倪么切嶢垚僥藨
普遼切嬈裹聊切
宵思邀切消霄颾逍痟綃銷硝翛𤞞揱魈萩千遙切幧焦
茲消切燋蕉膲椒噍䗬鐎蟭醮鷦樵慈焦切憔譙焱卑遙切
飆剽標摽杓幖熛藨篻瘭䁃髟漂紕招切嫖僄鷅飄謤
彯螵瓢毗霄切薸鑣悲嬌切儦瀌穮麃苗眉儦切描貓燒尸昭
切弨蚩招切昭之遙切招釗韶時饒切軺玿饒如招切橈蕘超

敕宵切 颻朝陟遙切 鼂馳遙切 朝潮遙餘招切 媱傜繇颻窯鰩

銚姚搖謠愮陶鷂褕洮瑤猺筄鮡珧䔄要伊消切 腰邀

䙅喓葽䳂翹渠遙切 荍鴞于嬌切 妖於喬切 夭囂虛嬌切 枵歊

獢蕎驕居妖切 憍嬌鷮簥撟嬌喬巨嬌切 僑嶠橋趫鷮轎

蕎蟜

爻何交切 肴姣誵殽筊崤淆交居肴切 詨敎咬膠艽轇郊

嘐茭蛟鮫鵁敲丘交切 磽墝虓虛交切 哮烋庨䫜於交切 窅

坳凹犛牛交切 謷磝包班交切 胞苞脬披交切 抛泡庖蒲交切

炮咆跑鞄匏茅謨交切 媌罞蝥梢師交切 艄捎髾鞘弰旓

䘯嫂筲鮹蛸譟初交切 鈔訬聊莊交切 罺抓巢鉏交切 轈啁

哤交切 嘲䫜丑交切 鐃尼交切 呶譊怓撓猇于包切

豪呼刀切 毫號嗥濠壕蒿呼高切 薅尻邱刀切 栲高居勞切 皐

羔膏餻櫜鼛篙槔䓘鏖於刀切 敖牛刀切 遨翱摮慠嗷熬

嗷鏊鼇鰲螯鷔驁獒璈褒博毛切 袍蒲褒切 毛莫袍切 髦髳

氂旄芼毷騷蘇遭切 搔繅臊鱢鰠溞艘颾慅𥳠操倉刀切

糟作曹切 遭曹財勞切 嘈䄚槽艚漕螬傮刀都勞切 魛忉舠

饕他刀切 叨慆謟縧韜弢䑬滔駋陶徒刀切 燾淘濤䬞掏

逃翿鼗鞠醄詢咷萄桃檮綯騊蜪懤勞郎刀切 嘮澇牢

簩醪撈蟧癆猱奴刀切 猺

入聲作平聲

學奚交切鷽⿱𦥯高⿱𦥯米嶨壆剝巴毛切駮爆雹骲犦鰒瓝博髆
餺搏鎛欂泊薄簙箔礴鉑亳樸蒲毛切朴撲粕浞雛稍切
鸑濁濯擢戳鐲䨺縛房包切皭齊消切嚼杓繩昭切芍汋著
池燒切噱其交切醵臄籧移交切鐸多勞切度⿰忄度剫踱喥澤昨
慈騷切酢鑿柞筰⿰糸乍怍鶴何高切貉涸穫黃高切鑊濩艧於包
切蠖⿰馬蒦

爪聲　二十九篠三十小三十一巧三十二晧
三十四嘯三十五笑三十六效三十七
号通用

上聲

篠先了切 䃤謏鳥丁了切 蔦鷯朓土了切 篠窕徒了切 挑掉嬥

了朗鳥切 繚衦瞭憭嫽舠𨣈釕蓼獠褭乃了切 嬝嫋嬲嬈

皛胡了切 㵿杳伊鳥切 窅窈騕葽窔鷕磽倪了切 曉馨鳥切 膮

皎吉了切 皦璬䘨繳佼僥

小思兆切 悄七小切 剿子小切 勦少始紹切 沼止少切 紹市沼切 佋

袑擾而沼切 繞遶趙直紹切 肇晁兆垗旐駣䍜狣鮡絩溔以紹切

宎夭於兆切 殀麇矯居夭切 撟敿憍譑蹻蟜鱎褾俾小切

縹四沼切 醥篻摽婢小切 𩯝膘鰾眇弭沼切 渺淼藐篎秒

杪表彼小切 殍被表切

巧苦絞切 絞吉巧切 狡攪筊鉸姣佼咬拗於絞切 䁱齩五巧切

飽博巧切鮑部巧切骲鞄卯莫飽切泖媌昴茆稍山巧切炒楚絞

切訬爪側絞切瑵笊抓獠竹狡切

晧下老切鷎昦顥皓暤浩灝鎬鄗鰝好許晧切考苦浩切薧

拷栲杲古老切縞藁菒槀笴槁媼烏晧切燠襖懊寶補抱

葆鴇堡保褓抱薄浩切蓩武道切媢芼嫂蘇老切燥埽草采早

切懆慅早子晧切蚤璪澡璅繅繰璪藻皁在早切棹造倒

覩老切擣禱島儔討土晧切夰道杜晧切稻纛老魯晧切恅轑

橑藔栳潦澇腦乃老切惱瑙

入聲作上聲

覺江杳切角捔桷搉榷較珏腳蹻屩㱿邱杳切㲉慤確埆

矍攫躩钁玃卻恪渥衣皎切 喔齷握幄約葯剝博考切 駁

爆朔聲卯切 數槊削齪齋卯切 捉之卯切 㪺穛犦斮琢焯椓

豚卓踔倬諑啄涿灼勺酌妁彴斫著浞青小切 鷟碏趞

皵鵲爵精小切 雀爝鑠商沼切 爍綽痴繞切 婥謔希皎切 託湯老切

橐柝拓魄籜飥博邦卯切 髆襮搏鎛索桑早切 㨨鏼錯倉掃切

遺作臧掃切 鑿柞脽阿杲切 郝壑嗃熇各岡懊切 閣惡阿杲切

堊廓枯卯切 鞹擴漷郭沽卯切 椁彍

去聲

嘯先弔切 熽弔多嘯切 釣糶他弔切 眺覜頫越調徒弔切 掉銚

蓧藋跳嫽力弔切 璙嘹料鐐廖尿奴弔切 竅詰弔切 叫吉弔切

嘂噭徼竅一叫切
笑仙妙切肖鞘峭七肖切悄哨俏帩醮子肖切釂嚼僬燋勦
噍才笑切誚少失照切燒照之笑切詔邵時照切劭饒人要切繞
召直笑切燎力照切療獠鷯燿弋笑切曜耀鷂要一笑切䙅嶠
渠廟切轎勡匹妙切剽僄漂彯驃毗召切票妙弥少切裱彼廟切
廟眉召切
效後教切傚斆恔校孝許教切磽口教切教居效切覺校較窖
珓挍絞靿於教切岰袎詏樂五教切豹巴校切犦爆㒶趵窌
披教切炮礮炰皮教切鞄鉋泡貌眉教切稍所教切鈔初教切抓
阻教切笊罩陟教切趠丑教切踔櫂直教切橈奴教切淖閙

号後到切 號秏虛到切 好犒口到切 靠誥居号切 告郜膏槁奥
於到切 隩燠懊傲五到切 奡鷔報博号切 暴薄報切 虣䤖帽莫到
切 冒瑁耄眊媢䳪芼艒噪先到切 燥譟懆操七到切 造慥
糙竈則到切 躁漕在到切 到刀号切 倒韜叨号切 套導大到切 翿
纛燾盜悼蹈勞郎到切 嫪潦

入聲作去聲

獄姚叫切 岳樂鸑藥躍礿瀹爚龠籥鑰約犖郎到切 洛酪
落絡珞樂烙駱雒末忙報切 沫抹秣莫幕漠暯膜摸瘼
寞鏌弱人照切 蒻若箬芍略郎弔切 掠謔年要切 虐瘧矱尋於暴
切 嬳諾奴到切 惡昂告切 咢噩㗁諤愕鄂崿蕚鍔鶚鱷

第九部

平聲　七歌八戈通用

歌居何切哥柯牁菏珂邱何切軻訶虎何切呵阿於河切娿痾

何胡歌切河荷苛莪牛何切硪哦娥峨峩鵝俄蛾睋娑桑何切挲髿些䓾桫蹉倉何切瑳搓磋傞[illegible]醝才何切鹺嵯瘥

䴾嵯蒫鬗艖多當何切他湯何切拖駝唐何切佗馱驒狏鮀

鼉沱陀迱跎袉酡紽羅良何切蘿籮儸㰁欏囉邏鑼䙨

𩹭那諾何切儺哪䨥䏧挪

戈古禾切過鍋緺㗻科苦禾切窠薖蝌髁倭烏禾切渦窩和胡戈切禾吪吾禾切訛囮波逋禾切番碆頗滂禾切坡陂婆蒲波

切鄱皤摩眉波切磨麽魔蓑蘇禾切莎桫梭莏娑髿唆趖

魦髽徂禾切痤銼堁都戈切䂳詑上和切牠徒禾切堉羸落戈切

騾螺穲鑹挼奴禾切韡呼肥切肥於韡切瘸巨韡切伽求迦切茄

迦居伽切

入聲作平聲

學央哥切濁之磨切躅濯擢鐲鸀佛浮波切縛孛邦磨切勃誖

浡渤𡋯㶿餑鵓曷杭哥切褐毼鞨鶡鶴合郃盒盍闔嗑

榼溘活華戈切越鉞濊斡括穫鑊跋巴磨切拔犮魃軷鈸

茇博泊薄箔鑮礡餺亳杓鉏戈切鐸東挪切度昨藏梭切酢

鑿䋏作

仄聲 三十三哿三十四果三十八箇三十九

過通用

上聲

哿賈我切舸笴菏哦可口我切軻坷荷下可切閜倚可切旖榿

娿五可切我硪騀左子我切軃典可切哆㛆癉拕待可切爹柁

舵砢朗可切攞邏娜乃可切那[illegible]袲[illegible]縒想可切褨姕瑳此我切鬌

果古火切裹輠蜾顆苦果切堁敤火虎果切禍戶果切夥婐烏果切

姽五果切跛布火切駊播簸頗普火切叵麼母果切鎖損果切

瑣脞取果切硰坐粗果切朶丁果切[illegible]垜[illegible][illegible][illegible]埵妥吐火切

嶞惰杜果切　嫷墮憜鰖䙃郎果切　卵蓏蓏

八聲作上聲

璞葩我切　朴扑粕數雙可切　齪抽果切　浞捉之果切　琢涿卓啄

涿曷何果切　餲遏閼頞惡喝呼可切　獦渴康火切　瘍葛岡我切

割濭轕各閣閤合韐鴿蛤抹麻可切　活瓜我切　括聒适栝

䳺郭鞹花果切　濊涸藿矐霍癨濶匡果切　斡蛙果切　捾艧鸛

撥巴我切　跋襏鉢鏺茇膊搏撮倉瑣切　錯繓臧瑣切　攥作掇

當火切　剟裰咄脫湯果切　棁索思左切　廓匡我切　擴

去聲

箇居賀切　个個呵許个切　呼坷口箇切　䶘賀何佐切　餓五个切　䳗

些四箇切　磋千个切　蹉左則个切　佐作　癉丁賀切　馱唐佐切　大邏郎佐切　那乃箇切

過古卧切　裹貨呼卧切　課苦卧切　髁堁和胡卧切　涴烏卧切　卧吾貨切　播補過切　譒簸嶓破普過切　頗磨莫卧切　摩剉寸卧切　莝銼

挫則卧切　侳葼座徂卧切　坐桗都唾　剁唾吐卧切　蜕惰徒卧

媠挼盧卧切　愞乃卧切　穤縛符卧切

入聲作去聲

末忙播切　秣沫抹眛莫幕漠膜摸瘼寞鏌捋郎貨切　剢洛

酪落絡樂烙弱如卧切　蒻若箬諾乃箇切　惡俄个切　堊咢噩

諤愕鄂崿萼鶚鱷

第十部

平聲　十三佳半　九麻通用

佳居𨑃切　涯宜佳切　娃於佳切　哇洼媧公蛙切　緺騧蝸蛙烏媧切
麻謨加切　蟆葩披巴切　舥巴邦加切　蚆豝芭笆鈀疤爬蒲巴切
杷琶跁些思嗟切　嗟咨邪切　罝蒫邪徐嗟切　斜畬詩車切　賒車
昌遮切　硨遮之奢切　奢謶闍時遮切　佘蛇荼沙師加切　砂髿紗
裟鯊叉初加切　杈差靫艖樝莊加切　齇皻⿰禾虘渣⿰氵虘髽莊華切
查鉏加切　虘楂爹陟邪切　檛張瓜切　撾侘敕加切　秅直加切　⿱穴余⿰女余
茶拏女加切　詉笯摣耶余遮切　椰琊鋣揶⿱艹邪椰遐何加切　蝦
鍜霞豭瑕騢碬⿰革叚蕸煆虛加切　谺岈呀閜齖邱加切　嘉居牙

切

加家珈袈跏痂瘕枷迦笳葭茄豭椵麚鴉於加切椏

丫啞牙五加切齖芽枒衙華胡瓜切驊鞾蝉划譁呼瓜切花

誇枯瓜切夸荂姱胯瓜姑華切抓窊烏瓜切窪汙呱靴許茹切

入聲作平聲

瘸渠靴切掘撅橛鐝噘月胡靴切穴揭其耶切竭碣傑桀搩

伐扶加切罰垡閥瞂筏乏之䍐牙瓜切栰怛當加切妲靼闥撻

達沓𪑾譗踏遝涾𩣺榻蹋闒翕滑呼佳切猾拔邦佳切妭

耋田耶切絰凸跌迭咥垤軼瓞眣牒楪諜喋揲疊氎堞

蝶鰈艓蹀纈奚耶切襭擷頁頡蹩邦耶切擺瀰別絕全靴切

踅徐靴切舌繩遮切折涉哲長蛇切徹撤轍蟄輒雜慈沙切雥

磼閘鉏加切 插霅喋睫全斜切 婕捷踕協希耶切 叶勰袷脅

愶挾奚加切 俠洽祫峽狹硤烚袷狎匣柙押帢歎牙切

仄聲 三十五馬十五卦半 四十禡通用

上聲

馬母下切 瑪把補下切 笆寫洗野切 瀉且七也切 姐子野切 灺似也切

捨始野切 舍撦齒者切 者止野切 赭社常者切 惹人者切 若喏亥雅切

灑所下切 鮓側下切 槎仕下切 紽奼丑下切 野以者切 也冶下倚下切

夏廈閜許下切 賈古馬切 斝假叚瘕檟椵搲烏瓦切 啞

婭雅五下切 庌踝戶瓦切 輠䑻鮭髁苦瓦切 姱寡古瓦切 銙

筒剮瓦五寡切 增補 打當雅切 耍霜馬切 那奴打切

入聲作上聲

闕區也切闋缺厥居也切瘚劂蹶蕨蟨玦觼觖決抉訣譎
駃鴂歇希也切蠍猲血泬烕嚇熁嗋揭机也切羯偈謁衣也
切暍髮方雅切發法躠殺賈切薩撒趿靸鈒馺颯卅闒湯打
切撻達澾獺塔嚃漯榻塌遢葛闒戞江雅切秸恝夾裌
鞈甲胛穵烏寡切札莊洒切扎紮蚻劄八邦雅切朳殺雙鮓切
煞鎩歃翣啑箑萐霎察抽洒切臿鍤插瞎香假切呷䛟刮
公瓦切刷雙寡切屑先也切糏薛褻媟契洩躠楔燮躞切倉姐
切竊妾唼節茲野切癤接楫鐵湯也切餮驖帖怗貼挈邱也
切契蛣客篋愜怯結飢也切桔拮潔鍥孑頰筴鋏莢刧

孼偏也切㬠孌雪須也切絕疽野切橇設商者切攝葉韘歙掣
昌惹切轍徹撤澈浙張惹切晰折哲晢讋慴摺褶啜樞者切
拙朱惹切梲茁輟惙畷剟說書者切鼈邦也切鷩別姶何寡切
雜帀茲瓦切咂噆答當雅切搭遝褡嗒笈其雅切恰強雅切掐

去聲

卦古畫切挂詿罣畫胡卦切絓
禡莫駕切罵駡帊普駕切怕霸必駕切壩灞靶弝欛杷步化切
襬卸四夜切瀉蝑借子夜切唶謝詞夜切榭褯慈夜切躤藉舍
式夜切厙赦騇柘之夜切蔗炙鷓射神夜切麝貰嗄所嫁切詐
側架切笮溠乍鉏駕切蜡咤陟嫁切奼詫丑亞切侘秅除駕切夜

羊謝切 䳸偌 入夜切 暇 亥駕切 下夏罅 虛訝切 嚇駕 居迓切 架價

假嫁㜜稼亞 衣駕切 婭啞椏歅訝 魚駕切 迓齖砑庌華 胡化切

摦樺䶤話化 火跨切 跨 枯化切 胯窊 烏化切 蹠掋汊 楚嫁切

杈衩

入聲作去聲

月 魚夜切 刖軏越鉞曰粵樾蠘狘悅閱韤 忘罵切 刺 那架切

辣揧拉搚臘蠟鑞邋擸末 忙霸切 帓袜沫抹秣劼 羊架切

剳鬜軋猰鳦比魞押壓鴨厴茁 鄒話切 刷 所嫁切 妠 奴亞切

納衲㧀軜湼 尼夜切 埕篞捻苶齧闑臬隉蜺嵲孽蘗糵

蘖聶鑷躡顳蔑 迷夜切 懱鱴䁾篾蠛滅熱 仁蔗切 若爇 如蔗切

切

呐列郎夜切烈洌冽裂蛚茢鬣獵躐劣閭夜切⿰足寽鋝埒

拽移借切葉移衬切鍱饁業鄴

詞林正韻卷中

詞林正韻卷下

吳縣 戈載 順卿 輯

第十一部

平聲 十二庚十三耕十四清十五青十六蒸十七登通用

庚居行切 賡更杭羹鶊坑邱庚切 硎亨虛庚切 脝行何庚切 衡珩桁蘅橫胡盲切 黌觥姑橫切 祊晡橫切 騯浜磞拔庚切 泙烹澎彭蒲庚切 輣棚膨蟛盲眉庚切 蝱撐中庚切 瞠抽庚切 棖除庚切 掁鬡尼庚切 兵晡明切 平蒲兵切 評坪枰苹明眉兵切 盟鳴生師庚切 甥笙牲狌鼪鎗楚庚切 槍鐺傖鋤庚切 京居卿切 荆

驚麠鶁邱京切擎渠京切勍黥檠鯨迎魚京切英於京切瑛霙
榮于平切嶸瑩鎣兄呼榮切
耕古莖切鏗邱耕切摼硜牼娙魚莖切罌於莖切罃嚶鸚鶯櫻
譻莖何耕切宏乎萌切閎紘鋐翃泓烏宏切訇呼宏切渹鍧轟
琤初耕切錚爭甾莖切箏猙崢鉏耕切鬇丁中莖切橙除耕切瞪
儜尼耕切寍獰繃悲萌切怦披耕切姘伻砰弸蒲萌切甍謨耕切
萌甿氓
清親盈切精咨盈切晶菁鶄蜻睛旌箐餳徐盈切情慈盈切晴
觲思營切騂并卑盈切栟名武并切洺聲書盈切征諸盈切正鉦
怔鯖成時征切郕城誠盛晟禎知盈切貞楨檉丑貞切赬蟶

呈馳貞切程酲裎跉呂貞切、令盈怡成切楹嬴嬴瀛贏籯輕去盈切甖罌嬰伊盈切纓攖瀴營維傾切塋瀠傾去營切瓊葵盈切

煢惸縈娟營切縈

青倉經切精星桑經切惺醒篂腥猩㼄傍丁切甹荓竮俜瓶旁經切軿屏萍箳帡冥忙經切鄍暝銘溟蓂螟丁當經切釘

玎疔仃叮虰聽湯丁切廳汀綎桯町庭唐丁切廷亭停渟

婷霆莛鼮蜓楟靈郎丁切零泠伶竛聆鈴玲醽酃齡囹

瓴櫺舲軨苓笭羚鴒翎蛉○奴丁切嚀𧓦經古零切涇磬

呼刑切蛵形乎經切刑硎型鉶陘郉邢娙熒戶扃切螢扃涓熒切

垌駉

蒸諸仍切烝脀承辰陵切丞繩神陵切憴乘澠塍䱍升書蒸切
昇陞勝稱蚩承切偁仍如蒸切礽陾艿冰悲陵切掤淜披冰切
砯凭皮冰切凴馮繒慈陵切鄫驓橧矰甑噌徵知陵切癥僜
丑升切澄時陵切懲陵閭承切淩凌輘婈綾崚菱鯪庱碐蠅
余陵切膺於陵切應鷹〓䧹凝魚陵切興虛陵切磳七冰切兢居陵
切矜兢
登都滕切燈㲪簦豋騰徒登切滕謄〓縢幐藤螣䲢籐棱
盧登切楞能奴登切崩悲朋切朋蒲登切鵬堋棚輣瞢武登切儚〓
僧思登切鬙增作滕切曾憎罾矰層徂棱切曾竲搄居曾切縆
䱏恒胡登切峘薨呼肱切肱古薨切○胡肱切鞃

仄聲　三十八梗三十九耿四十靜四十一迥四十二拯四十三等四十三映四十四諍四十五勁四十六徑四十七證四十八隥通用

上聲

梗古杏切哽鯁骾綆埂杏下梗切荇礦古猛切猛母梗切艋蜢打都冷切炳百猛切浜冷魯打切丙補永切昺柄蛃邴秉病皿眉永切省所景切眚瘠影於境切璟景舉影切璥境儆警檄永于憬切憬俱永切暻冏𧩙虎梗切

耿古幸切幸下耿切倖悻黽母耿切鼆[illegible]

靜疾郢切　靖婧阱穽靚省息井切　惺渻箵篂請比靜切　井子郢切　整之逞切　裎悜逞丑郢切　騁領里郢切　嶺袊頸居郢切　癭於郢切　郢以井切　梬潁庾頃切　穎頃犬穎切　餅必郢切　鉼併屏

迥戶茗切　泂炯絅詗火迥切　褧犬迥切　熲古迥切　餇婞下頂切　脛涬　謦去挺切　㯳剄古頂切　頩普迥切　竝部迥切　茗母迥切　嫇酩溟冥　醒銑挺切　頂都鋌切　奵鼎酊珽他頂切　脡侹頲町鋌挺待鼎切　艇梃娗莛濘乃挺切　薴

拯之庱切　𤻲庱丑拯切　殅色拯切　洗

等得肯切　肯苦等切

去聲

映於敬切敬居慶切璥曒竟獍鏡更居孟切褸於孟切硬魚孟切
行下孟切絎橫尸孟切孟莫更切蜢倀猪孟切偵檳幀柄陂病切
怲炳病皮命切命眉病切灠楚慶切慶邱敬切競渠映切儆檠迎
魚敬切詠爲命切泳縈營
諍側迸切迸北諍切傡蒲迸切
勁堅正切輕牽正切敻虛政切詗摒卑正切倂聘匹正切娉性息正
切姓婧七正切凊倩淨疾正切瀞穽靚請聖式正切正之盛切
政証盛時正切偵丑正切遉鄭直正切令力正切
徑古定切經涇陘剄罄詰定切磬鑋謦脛形定切瑩烏定切瀅
暝莫定切瞑靘千定切矴丁定切釘訂飣定顁聽他定切庭定

徒徑切錠奠寗乃定切佞濘
證諸應切烝賸詩證切稱昌孕切乘石證切膭甸甑子孕切繒凭
皮孕切瞪丈證切淩里孕切孕以證切媵興許應切應於證切凝牛孕
切
隥丁鄧切嶝磴鐙凳墱鄧唐亘切蹬滕堋逋鄧切懜母亘切𪃑
蹭七鄧切贈作亘切亘居鄧切緪

第十二部

平聲　十八尤十九侯二十幽通用

尤于求切疣郵訧休虛尤切庥咻髹貅鵂烋丘祛尤切蚯惆
尼猷切鳩居尤切觓求渠尤切裘俅絿仇叴逑毬捄觩頄𩐩

釚銶球賕艽朹牛魚尤切優於求切優憂瀀麀耰怮蚴呦
由夷周切揄卣遊繇猶猷悠攸滺油櫾槱輶庮鮋蝣蝓
儵莜輈張流切啁譸盩侜鵃抽丑鳩切妯瘳儔陳留切躊幬
裯紬綢疇稠籌檮留力求切遛劉懰瘤鏐旒斿琉𥟋硫
榴流瀏飀騮駵䶉鶹蟉鎏脩思留切羞滫鱐秋雌由切鞦
緧楸鶖湫鰍鱃㥢揫將由切𩏄啾楢囚徐由切泅鮂酋字秋
切遒蝤收口周切荍犨虫周切周之由切賙州洲舟婤喌䑼
時流切酬詶魗柔而由切揉蹂鶔搜疎鳩切廋蒐鄋叟鎪颼
溲搊初尤切掫篘謅鄒側鳩切郰陬緅菆棷騶媰娵愁士尤
切不方鳩切鴀紑浮房尤切涪桴莩烰罘蜉謀迷浮切眸侔

牟麰矛蟊蛑蝥

侯胡溝切　猴鍭喉餱篌謳烏侯切　嘔歐漚區甌鷗彄墟侯切

摳鏂曉齁呼侯切　鉤居侯切　句枸軥冓溝韝褠篝抔蒲侯切

瓿棓踣掊裒涑先侯切　諏將侯切　郰祖侯切　鯫兜當侯切　偷他侯切

婾頭徒侯切　投骰婁郎侯切　樓廔塿僂髏慺謱褸鞻摟

簍蔞貗螻

幽於虯切　泑髟必幽切　彪瀌平幽切　滮樛居虯切　朻糾鬮蚪渠幽切

璆繆亡幽切

入聲作平聲

叔賒周切　倏祝張柔切　喌粥孰商由切　熟塾淑婌蜀蠋贖逐

直由切妯柚軸舳

仄聲四十四有四十五厚四十六黝四十九宥五十候五十一幼通用

上聲

有云九切右友栯朽許久切糗去九切九己有切久玖韭臼巨九切舅咎咎優於九切酉以九切牖羑誘卣槱琇莠缶俯九切否婦扶缶切負阜蝜萯滫息有切醙酒子酉切愀首始九切手守帚止酉切鯞醜齒九切受是酉切授綬壽蹂忍九切揉溲所九切醙獀鯫士九切肘陟柳切丑敕九切杽紂文九切柳力九切罶懰綹瀏𪕊輀紐女九切忸鈕扭狃杻

厚很口切 后後郈呴許后切 吼犼口去厚切 叩扣敂釦𦒱畢后
切 詬詢玽垢茍笱狗枸歐於口切 嘔偶語口切 耦藕掊彼口
切 剖普后切 蔀部薄口切 培瓿錇母莫後切 拇踇畝某䳇牡
莽姆叟蘇后切 瞍嗾傁擻藪籔趣此苟切 棷走子口切 斗當口
切 抖陡蚪娃他口切 黈鋀徒口切 鉤塿郎口切 嶁嘍[illegible]簍㝅
乃后切
黝於糾切 怮眑岰泑蚴糾居黝切 赳朻鬮蟉渠糾切

入聲作上聲

宿西有切 蔌縣九切 叔倏俶縮束祝張有切 喌粥竹竺筑燭

去聲

宥尤救切 又右佑祐侑酭痏囿齅許救切 糗邱救切 救居又切
究疚灸廄舊巨救切 柩鮥狖余救切 鼬褎柚櫾副敷救切 覆
仆富方副切 鍑復扶富切 秀息救切 琇繡鏽宿僦即就切 岫似救
切 袖就疾僦切 鷲狩舒救切 守獸首臭尺救切 咒職救切 授承咒
切 綬壽售輮如又切 蹂肉瘦所救切 䔇初救切 簉縐側救切 甃
㛮[illegible]驟鉏救切 僽晝陟救切 咮噣丑救切 冑直祐切 宙籀酎溜
力救切 霤廇餾塯窌[illegible]糅女救切 狃
候下遘切 堠郈逅後鍭鱟缿后厚詬許候切 吼蔻寇邱候切
扣釦冓居候切 構遘覯媾姤購句彀雊韝鷇搆漚於候切
䡚戊莫候切 茂楙袤懋瞀姆務貿雺漱先奏切 嗽嗾湊千候

切輳鏃腠楱蔟奏則候切、走鬭丁候切 䝏透他候切豆大透切

餖脰逗酘竇窬荳讀漏郎豆切、陋鏤嘍耨乃豆切、譳

幼伊謬切 柚䊤己幼切 䠗輕幼切、螑謬靡幼切 繆

入聲作去聲

肉如呪切 辱蓐褥縟溽鄏六辰又切 陸戮勠僇肭濃幼切 恧

衄畜昌壽切

第十三部

平聲 二十一侵獨用

侵千尋切 駸浸綅心思林切 杺祲咨林切 梫尋徐心切 鐔鬵灊

潯鄩燖橩鱏深式針切 斟諸深切 鍼箴瑊葴諶時任切 忱煁

湛壬如林切任妊紝鵀森所今切參蔘穇槮滲摻嵾初簪切

簪側吟切岑鉏鍼切涔梣踛砧知林切椹琛丑林切賝郴沈持林切霃莐𤘧䰼林犂鍼切綝臨琳霖淋痳淫夷鍼切霪蟫愔伊淫切窨音於金切陰霒瘖喑吟魚音切崟歆虛金切廞欽祛音切衾嶔今居吟切金衿襟禁琴巨金切擒庈黔芩檎禽

仄聲　四十七寢五十二沁通用

上聲

寢七稔切浸鋟梫㾛罧斯荏切蕈慈荏切審式荏切諗瞫淰魫沈腍嬸瀋昌枕切枕章荏切甚食荏切葚訦飪忍甚切稔恁衽荏棯痒所錦切澿稟筆錦切品丕錦切踸丑甚切朕直稔切鱌䑙

黮廩力錦切 懔凜錦居飲切 噤渠飲切 唫顉澿飲於錦切 怎子飲切

去聲

沁七鴆切 浸子鴆切 祲𦢊枕之任切 甚時鴆切 侺姙如鴆切 任衽紝鵀恁滲所禁切 槮讖楚譖切 譖側禁切 揕知鴆切 鴆直禁切 臨力鴆切 森賃女禁切 禁居蔭切 僸襟矜巨禁切 噤澿紟妗蔭於禁切 㾢䤃窨喑飲深式禁切 㾕撿邱禁切 吟宜禁切 鐔尋浸切 蕈

森所禁切

第十四部

平聲　二十二覃二十三談二十四鹽二十五

沾二十六咸二十七銜二十八嚴二十九凡通用

覃徒南切譚潭橝蟫燂鐔醰醰曇壜藫貪他含切探耽丁含切酖妉湛眈棽盧含切嵐南那含切男枏諵毵蘇含切鬖慘參倉含切驂篸祖含切鐕撍蠶徂含切嵅呼含切䤾馠晗蜬龕枯含切堪戡弇如南切淦含胡南切圅顄頷涵鋡䈄蜬諳烏含切鶕媕韽馣盦庵菴唵吾含切

談徒甘切郯惔倓痰餤錟舑他甘切聃儋都甘切擔甔藍盧甘切籃襤三蘇甘切慙昨甘切鏨蚶呼甘切憨坩枯甘切甘沽三切㽏泔柑疳姏苷酣胡甘切邯䖔魽笘七甘切蚺汝甘切

鹽余廉切檐櫩閻閻阽讇棪㾫一檐切黶銛思廉切纖綅孅
襳摻暹䆎孅瀸籤七廉切簽僉憸鋟子廉切尖漸熸蔪爓
徐廉切潛昨檐切灊鬵燂燖苫詩廉切痁襜處占切幨詹之廉切
瞻占沾蟾薝鸇噡棎時占切撏髯如占切𧥻衻柟霑知廉切
覘丑廉切廉力檐切帘匳䭠鎌蠊簾黏尼占切䬤炎于廉切淹
央炎切閹崦䅖䶢牛廉切㘖嶮箝其淹切拑𨊠鉗鈐鍼黔黚
切羬砭悲廉切
沾他兼切添𥗬𩭛丁兼切甜徒兼切餂恬○鬑勒兼切磏鮎奴兼
切拈馦許兼切謙苦兼切兼堅嫌切縑鶼鰜蒹䥜鰜嫌戶兼切
嚴魚杴切𥸗䪜杴虛嚴切杴薟忺欦丘嚴切㡋嵁醃於嚴切腌

咸胡讒切誠鹹函輱鰔蝛葴瑊椷緘居咸切黬嵒魚咸切碞

攕師咸切摲讒士咸切儳纔饞欃毚獑詀知咸切喃尼咸切

銜乎監切監居銜切[illegible]礛嵌邱銜切巖五銜切礹衫所銜切縿彡

髟杉芟欃初銜切攙巉鉏銜切嶃鑱劖獑

凡符芝切帆颿芝甫凡切

仄聲　四十八感四十九敢五十琰五十一忝

五十二儼五十三豏五十四檻五十五

范五十三勘五十四闞五十五豔五十

六桥五十七驗五十八陷五十九鑑六

十梵通用

上聲

感古禫切礷灨鱤坎苦感切惂輡轗欿壏顑頷戶感切顄撼
菡萏晻鄔感切黭黤唵闇醃糝桑感切槮慘七感切憯噆黲
寁子感切歜徂感切魿黕都感切眈衴紞禫他感切肬監嗿禫
徒感切髧糟醰嘾窞黮霮萏壈盧感切𨏊湳乃感切罯
敢古覽切橄喊虎覽切澉胡敢切槧在敢切鏨歁膽覩敢切𥖁黵
㘓菼吐敢切緂毯裧啖杜敢切澹淡憺覽盧敢切擥欖灠
琰以冉切○剡𧯗扊棪黶於琰切靨魘擪檿壓厭醶七漸切
塹憸漸疾染切磛蔪閃失冉切㳝睒覢陝颭職琰切冉而琰切
姌染苒䒣枏諂丑琰切斂力冉切𦆐瀲蘞險虛檢切嶮譣玁

獥檶顩邱檢切㰹䭠檢居奄切撿臉儉巨險切芡奄衣檢切弇

掩揜罨裺閹媕晻渰崦醃貶悲檢切疺

忝他點切餂銛點多忝切玷簟徒點切扂稴盧忝切溓淰乃玷切

鬑下忝切嗛歉苦扂切慊

儼魚埯切曮嬐广噞黬埯倚广切

豏下斬切㺌槏日減切減古斬切鹻瀐黯乙減切摻所斬切摲斬

阻減切瀺士減切巉湛丈減切

檻戶黤切艦轞䵛䯊闞虎檻切玁黤倚檻切

范父鋄切䒦笵範犯鋄亡范切

去聲

勘苦紺切轗憾胡紺切琀唅顄呼紺切𩟔紺古暗切黯淦贛暗
烏紺切闇喑謲七紺切參馾丁紺切鴆僋他紺切撢探醰徒紺切
闞苦濫切瞰嵌憨下瞰切三蘇暫切暫昨濫切鏨蹔擔都濫切甔
憺徒濫切啗淡澹賧吐濫切賧濫盧瞰切懢醶纜爁
豔以贍切焰燄鹽灩厭於焰切饜嬮𢜵於贍切俺塹七焰切槧
嚵子焰切漸閃舒贍切熌掞襜昌焰切韂𨇅占章焰切贍時焰切
髯而焰切覘丑焰切
㮇他念切𥕛忝店都念切坫點痁墊唸玷磹徒念切稴歷店切
念奴店切総酓於念切襳先念切僭子念切𥊁
驗魚窆切釅噞䶢窆陂驗切砭斂力驗切殮瀲檢熑脅虛欠切

欠去劒切劒居欠切

陷乎韽切臽錎鮉韽於陷切蘸莊陷切站陟陷切賺直陷切

鹽胡懺切[illegible]譀許鑑切鑑居懺切監[illegible]懺叉鑑切摲鑱士懺切

梵扶泛切帆泛孚梵切汎氾温

第十五部

入聲　一屋二沃三燭通用

屋烏谷切剭䵝熇呼木切㱉哭空谷切豰穀古祿切殑穀轂殼

谷𤞑縠胡谷切斛觳嚳槲瀔卜博木切濮轐嫼樸蹼纀轐

撲普木切扑墣醭樸朴僕步木切暴瀑蟤匐木莫卜切沐霂

𣯃鶩鶩蚞速蘇谷切遬餗娕涑蔌樕螓觫簌蔟千木切簇

瘯磢鏃作木切　嗾族昨木切　禿他谷切　誘揬鵚牘徒谷切　讀讟
黷嬻犢殰髑匵櫝瀆瓄嬻獨韣騳祿盧谷切　彔漉盝琭碌
簏籙麗麓睩娽摝角鱳樚轆麀騼螰福方六切　腹複幅
輻復蝠複鍑鶝輹楅覆葍蝮芳六切　蕧伏房六切　虙服復
絥茯垘鞴艆栿棴洑菔馥鵩鰒目莫六切　睦繆牧坶苜
穆蕭息六切　夙宿潚艒摍橚蓿𥖘鷫翽驌鱐蹙子六切　顑
蹴踧噈䃚菽式竹切　叔儵倏儵鯈俶昌六切　琡祝之六切　㒔
粥柷孰神六切　熟塾淑肉而六切　衄縮所六切　莤謖蹜珿初六
切　䶉竹張六切　竺筑築茿蓄敕六切　畜滀搐逐仲六切　妯柚
軸舳蓫䱉蚰六力竹切　陸稑蓤蓼輊勠戮騄鯥蜶朒女六

切 恧育余六切 毓昱煜錥鬻緕稸蛸淯堉畜許六切 慉麴
邱六切 匊居六切 掬踘鞠𧍯鞫𩛠菊𥉻鵴鮈彧乙六切 稶郁
澳燠噢薁鴪栯〔增補〕國古六切
沃烏酷切 鋈鵠胡沃切 鷽嚳熇呼酷切 臛翯歊嗃酷枯沃切 焅
硞嚳告姑沃切 牿梏郜襮逋沃切 爆鏷蒲沃切 轐雹鞄洬蘇篤
切 裻篤都毒切 督毒徒沃切 䓯纛碡〔增補〕北逋沃切
燭朱欲切 屬囑矚𦇧蠾束輸玉切 悚觸樞玉切 歜臅蜀珠玉切
蠋屬韣鐲欘贖神蜀切 辱儒欲切 蓐褥縟溽鄏粟須玉切 𠝿
促趨玉切 趣數足縱玉切 哫續松玉切 藚俗幞逢玉切 瘃珠玉切
斸欘孎豖椓丑玉切 亍躅廚玉切 錄力玉切 籙逯綠淥醁騄

菉欲愈玉切 慾浴鋊谷鵒旭吁玉切 勗頊曲區玉切 苗笁臼
拘玉切 挶輂局渠玉切 跼駶侷玉魚欲切 獄

第十六部

入聲　四覺十八藥十九鐸通用

覺訖岳切 角捔桷榷較傕珏𣪊㱿黑角切 謞滈嗃㲉克角切
㲉搉慤確礐埆學胡角切 鷽鸴嶨礐确渥乙角切 媉偓喔
齷握幄嶽逆角切 鸑剝北角切 駮駁爆鵏璞匹角切 樸撲颮
朴雹弼角切 嚳懪鰒暴邈莫角切 貌眊毣藐朔色角切 數槊
搠𢺈槊娖測角切 齪擉捉側角切 浞仕角切 灂汋鷟籗斲竹角
切 琢椓㧻卓倬逴諑啄涿濁直角切 躅濯擢戳鐲鸀鸐

䨮搦昵角切犖力角切硌躒

藥弋灼切躍𨇸礿瀹爚龠籥鑰𢅍蘥濼鸙䶳䖃縛伏約切

削息約切𦦶碏七約切踖皵鵲猎䱜爵即約切雀㬐疾雀切嚼

爝鑠式灼切爍灼之若切焯勺酌妁彴禚斫犳趵斮側略切

綽尺約切婥杓市若切仢汋弱日灼切嫋鄀蒻若箬渃芍陟略

切著直略切逴勑略切躇婼㚟蘦略力灼切掠蛶謔迄却切卻

乞約切腳訖約切屩噱極虐切醵蹻臄約乙却切葯箹虐逆約切

瘧矍五縛切玃䢲矆况縛切彏戄譻躩屈縛切𢖽矍居縛切攫

钁䂄玃鸜臒憂縛切蠖嬳逽女略切

鐸達各切度𢝃剫踱喥澤託他各切橐柝拓托跅魄蘀籜

馲飥洛歷各切酪落絡輅珞硌樂挌烙轢駱鸈鮥雒洛
諾匿各切博伯各切簙髆餺襮䙏搏薄鎛鑮爆猼欂膊粕
四各切䑈泊白各切薄簿箔礴鉑亳莫末各切幕漠塻瞙膜
摸瘼寞鏌索昔各切㩳䬃𧝒錯倉各切剒作即各切柞昨疾各
切酢鑿筰䋏怍牸岝鶴曷各切貉涸䨼䏤黑各切鰝鄗郝
壑嗃謞熇矐恪克各切各古落切閣格惡烏各切堊咢逆各
噩齶諤遌鄂崿礘萼㓵鍔鶚鱷穫黃郭切鑊濩䨼檴擭
䨼𤑺霍忽郭切藿攉癨廓苦郭切鞹廓擴㗥郭古博切椁彍
蠖屋郭切雘艧烏郭切【增補】陌末各切

第十七部

入聲　五質六術七櫛二十陌二十一麥二十

二昔二十三錫二十四職二十五德二

十六緝通用

質之日切　鑕劕眰桎櫍礩眰郅騭蛭躓　失式質切　室　叱尺栗切　實食質切　日入質切　衵馹　率朔律切　帥蟀繂　悉息七切　膝蟋𧝏　七戚悉切　桼漆　堲子悉切　嚱蝍喞　疾昨悉切　嫉槉蒺𧩢　必壁吉切　畢罼饆㓖熚滭珌彃韠蹕覕鮅縪蓽　匹僻吉切　鴄　邲毗必切　怭佖飶苾鉍駜　蜜覓畢切　宓謐𥰭　逼密切　弼薄宓切　佛　密莫筆切　沕滵蔤樒窒　陟栗切　庢挃銍螲　抶勅栗切　咥秩直質切　紩帙柣姪㹄　栗力質切　慄瑮搮溧凓颲篥鷅　暱尼質

切昵㥾尼逸弋質切詄佚佾軼泆溢鎰駃妷欯闐吉切佶
佶咭詰喫吉切趌劼蛣吉居質切拮部洁狤一益悉切壹肸
黑乙切姞巨乙切佶鮚乙億姞切䲸颲越筆切扢汩耋地一切垤
獝休必切
術食律切述沭秫出尺律切卹雪律切恤䘏訹戌珬蛓卒節律
切啐崒昨律切踤捽誶怢竹律切窋茁逫叕黜勅律切詘䟑
怵术直律切律劣戌切繂嵂膟率𦒓聿允律切遹𧽤矞霱燏
潏繘鴥鷸蟠驈鱊橘訣律切𦺊
櫛側瑟切櫛瀄瑟色櫛切璱蝨
陌莫白切袹貊貘驀拍四陌切魄霸珀百博陌切伯迫柏𤭛

佰白薄陌切帛舶鮊磔陟格切搩坼恥格切拆破宅直格切澤
擇檡蠌蹃昵格切搦垎胡格切輅赫郝格切嚇懗客乞格切喀
格各額切假挌骼觡茖鵅蛒啞乙格切額五陌切頟詻峉諜
虎伯切砉湱剨虢古伯切摑諕擭一虢切矱嚄濩碧筆戟切索
色窄切迮側格切窄岝笮蚱舴唶虩迄逆切隙乞逆切郤綌戟
訖逆切戟劇竭戟切谻屐逆仡戟切
麥莫獲切霢脈覛薜博厄切檗擘䨪糪蒲革切繴栜色責切摵
愬洓策測革切筴冊栅猎責側革切嘖幘簀賾士革切鰿摵
率摑切槭摘陟革切謫覈下革切滆翮核隔各核切鎘膈革鬲
槅嗝厄乙革切阨餩搤扼軛豟嗌鷊逆革切鳽鞷畫胡麥切

劃嫿繣澅獲馘古獲切 漍幗摑嘓蟈蔮口獲切 碅

昔思積切 腊焟惜舄磶蕮猎潟皵七迹切 刺磧蹟積資昔切

積膌脊蹐嵴迹鵲蹟鯽席祥亦切 蓆夕穸汐籍秦昔切 耤

藉瘠塉釋施隻切 適奭襫螫尺昌石切 赤斥隻之石切 摭蹠

跖炙石常隻切 祏碩鼫射食亦切 擲直炙切 躑益伊昔切 嗌睪

夷益切 繹襗袘醳掖腋亦奕弈帟懌斁射譯驛嶧場圛

燡液易蜴役營隻切 疫辟必益切 躄躃璧僻匹辟切 癖澼擗

毗亦切 辟闢

錫先的切 裼緆啲晳晰析淅蜥戚倉歷切 鏚慼蹙磩績則歷切

勣寂前歷切 壁必歷切 霹匹歷切 甓鼊蒲歷切 覓莫狄切 幎冪

慏竆甓汨的丁歷切弔適嫡蹢靮玓甋鏑滴樀菂啇遾他歷切逷趯踢倜惕剔鬄狄亭歷切敵踧迪頔覿糴滌笛籊荻翟妯歷狼狄切○壢靂瀝嚦躒磿礫瓅轢鬲轣櫪曆瀝濼瀝藶櫟惄乃歷切溺檄刑狄切薂覡鬩許激切赦喫詰歷切激吉歷切擊墼獥鷩噭譤鷁倪歷切覓艗鷊闃苦狊切狊古闃切鼳鶪湨郹衄呼狊切瞁

職質力切織膱樴蘵蟙識設職切飾式軾拭𥿮栻寔丞職切湜殖埴植食乘力切蝕側札色切仄昃稄汃色殺測切嗇穡濇測察色切惻畟萴士力切息悉即切熄鄎即節力切稷陟竹力切稙敕恥力切飭鷘直逐力切犆𢃘値力六直切屴匿昵力切

⿰忄匿弋逸織切杙翼翊翌廙妷釴潩黓蛡瀷⿰女亟訖力切亟⿰忄亟
襋棘蕀⿱棘火⿰赤色迄力切⿱𦘒壹億乙力切憶臆繶抑醷檍⿰革意極竭億
切嶷鄂力切薿⿱髟翼域越逼切⿱艹或淢罭棫蜮⿰或鳥緎閾魊洫忽域
切侐堛拍逼切畐稫副愊逼筆力切楅幅湢愎弼力切⿰米畐
德的則切得惑惕得切慝特敵得切⿰月登勒歷德切肋扐仂泐玏
北必墨切蔔蒲北切匐踣墨密北切默纆蟔艒塞悉則切墄七則
切則即得切賊疾則切鱡蠈⿱艹賊劾紇則切黑迄得切克乞得切剋
刻勀或胡國切惑國骨或切冒亡北切
緝七入切葺咠諿輯霵靸息入切卌鈒⿰口集即入切潗湒⿰禾咠檝
習席入切謵襲褶⿰氵習霫隰⿰習鳥騽鰼⿱竹習集籍入切濕失入切⿰耳㬎

執質入切汁十寔入切什拾入日執切廿澀色入切戢側立切濈

䏉縶陟立切蟄直立切立力入切粒鉝笠苙䈂眤立切湆𥳑揖一入切

挹熠弋入切煜域及切吸迄及切噏歙翕擒闟潝㬛嗡

泣乞及切湇急訖立切伋給級汲芨跲及極入切笈邑乙及切

浥悒裛𡟮唈厭岌逆及切圾

第十八部

入聲　八勿九迄十月十一沒十二曷十三末

十四黠十五舝十六屑十七薛二十九

葉三十帖通用

勿文弗切物岉沕芴拂敷勿切刜髴怫祓艴䟿茀𩂣弗分物切

切不韍黻紱綍紼怫柫沷颰沸佛符勿切咈彿茀坲炥

屈曲勿切詘出鶌⿰虫屈⿰犭屈九勿切⿰足出⿰糸屈屈厥劂⿰豕屈倔渠勿切掘⿰衤屈

⿰木屈崛鬱紆勿切菀蔚尉爩⿰馬宛灪尉

迄許訖切肸釳汔乞欺訖切芞契訖居迄切吃扢疙魚迄切仡

圪屹忔

月魚厥切刖軏越王伐切鉞曰粵⿰糸戉樾⿰虫越泧⿺風戉許月切狘⿰山戉

闕邱月切厥居月切⿰石厥撅劂橛蹶蕨蟨鱖⿰角厥其月切撅蹷

⿺走屈⿰禾厥噦於月切⿱匽女钀語許切紇恨竭切歇許竭切蠍猲訐居竭切

揭鍻羯⿰羽曷竭其謁切碣楬謁於歇切暍髮方伐切發颰伐房越切

茷罰垡墢閥瞂筏韈勿發切

沒莫勃切殁孛薄沒切侼勃誖悖浡渤埻焞馞餑桲脖鵓
騂窣蘇骨切猝蒼沒切卒臧沒切倅稡捽昨沒切崒咄當沒切柮
㤕䮙突他骨切腯葖揬陁沒切堗䑐鼵䆷硉勒沒切訥奴骨切
吶麧下扢切齕扢搰胡骨切抇鶻忽呼骨切惚昒笏窟苦骨切
崫堀骨古忽切汩愲榾鶻兀五忽切扤杌矹屼軏阢尯
曷何葛切褐毼鞨鶡蝎喝許葛切渴邱葛切𤷾磕鶡葛居曷切
割濭蓋轕遏阿葛切閼堨頞嶭牙葛切蘗躠桑葛切薩摋攃
七葛切䌨怛當割切妲黖笪靼狚闥他達切撻達澾獺鯻達
陁葛切剌郎達切辣攋瘌颲捺乃葛切
末莫撥切佅袜靺沫抹秣活戶括切豁呼括切濊闊苦活切括

古活切 聒銛佸适栝筈菈鴰斡 烏括切 捾撥 北末切 襏鉢撥

鏺 普活切 潑醱跋 蒲撥切 胈犮魃軷羢坺茇妭撮 粗括切 襊

繓 宗括切 掇 都括切 剟裰脫 他括切 奪 徒活切 鮵捋 盧活切 脟

黠 下八切 藒劼 丘八切 剨齾戞 古黠切 楔嘎秸鵠軋 乙黠切 揠

猰窫鳦圠滑 戶八切 磆猾鰐螖婠 烏八切 空八 布拔切 朳捌

汃 普八切 叭拔 蒲八切 殺 山戞切 鎩樧察 初戞切 札 側八切 紮氿

鵽蚻扎茁 側滑切 窡 張滑切 鵽貀 女滑切 哳 知戞切 噠 宅軋切

舝 下瞎切 轄瞎 許鎋切 [illegible] 丘鎋切 齾 牛轄切 刮 古刹切 帓 莫轄切 刹

初轄切 哳 陟轄切

屑 先結切 糏僁[illegible]切 千結切 竊節 子結切 癤楶蝍鯽截 昨結切

鐵他結切飻驖䥫徒結切絰凸跌迭咥蛭垤捩力結切涅乃結
切篞捏苶纈奚結切襭擷頁絜頡獺猰詰結切挈契鍥結
吉屑切桔袺拮潔蛣噎一結切咽噎𤞞搤齸倪結切䘽闑臬
隉臲蜺穴胡決切鴥血呼決切泬闋苦穴切玦古穴切觼觖潏
決訣譎憰趹駃鴂鴃抉一決切妜撇四蔑切彆瞥鷩必結切
蹩蒲結切䤉蔑莫結切懱衊覕幭篾鴓鱴蠛
薛私列切紲絏褻暬媟契卨渫洩齛躠楔雪相絶切蕝租悅
切絶情雪切設式列切蔎揲掣尺列切瘛浙之列切晣折舌食列
切折熱而列切說失爇切爇歠姝悅切啜拙朱劣切炪梲蝃爇如劣
切刷所劣切唰哲陟列切徹敕列切撤蜇䑽轍直列切澈列力孽

切烈咧洌冽裂挒鴷鮤蛚茢栵叕株劣切輟罬餟惙啜
醊涰劣力輟切鋝埒浖蛶拽羊列切孑吉列切釨悅欲雪切說
閱蛻烕許列切缺傾雪切蒛揭邱傑切愒偈傑巨列切杰桀榤
孽魚列切蠥讞糵櫱𨏛甈鼈必列切鷩鷩潎匹滅切滅莫列切
䇷筆別切別莂別皮列切
葉弋陟切偞楪鍱魘益陟切厭䣍擫○域輒切饁极其輒切笈
衱裛憶笈切妾七接切鯜緁淁接卽涉切椄楫睫婕萎疌疾葉切
切捷𧨪崨攝失涉切欇懾葉韘歙色輒切霎箑萐翣謵尺涉切
切喢讋質涉切慴𥜐摺涉時攝切拾欇讘日涉切囁輒陟涉切
𢃗牒直涉切鬣力涉切獵犣儠擸躐邋𤅢𩦗𧭒聶昵輒切㸎

籋鑷躡䯀
帖託協切怗貼鉆碟喋的協切跕牒荅協切諜疊㲲堞褋鰈
渫蝶鷃鰈艓蹀捻諾叶切錜歛埝惗協胡頰切叶勰挾俠
裌頰吉協切筴鋏莢蛺㑘詰叶切愜婡岌慊燮悉協切屧躞
浹即協切

第十九部

入聲　二十七合二十八盍三十一業三十二
洽三十三狎三十四乏通用

合曷閤切郃盒欱呼合切閤葛合切合匌敆頜韐鴿蛤鮯姶
遝合切媕唈趿悉合切靸鈒㚸馺颯卅啑所答切帀作答切咂

噆魳趿雜昨合切龘雜答德合切搭褡嗒鎝託合切帢鞳䵬
譅噝㵿䶀沓獭合切誻搭踏遝涾騇榙拉落合切衲諾荅切
衲䩏妠軜䈘匼遏合切
盍胡臘切磕闔蓋嗑謚榼克盍切搕㔩瞌韐溘䐥谷盍切鎑
蓋閘鰪乙盍切盇磼玉盍切囃七盍切搨德盍切剔嗒榻託盍切
傝塌遢毾騔蹋溻䚋闒塔蹋敵盍切毾墖臘力盍切蠟鑞
爉邋擸
業逆怯切鄴僷䤶𩥇鸈䶗迄業切胠脅㙝搚怯乞業切抾刼訖業切
刦袪衱袷蛣跲極業切㭘笈腌又業切浥裛
洽轄夾切袷峽狹恰乞洽切帢掐夾訖洽切郟裌筴䳳歃色洽

切臿測洽切鍤插眨側洽切霅諨萐實洽切濈騒牐鰈劄竹洽切

狎轄甲切匣訷柙甲古狎切胛押乙甲切壓鴨壓呷迄甲切翣色甲切𧜵㗐箑霎雪直甲切㵫喋

乏扶法切法弗乏切貓敕法切颯昵法切

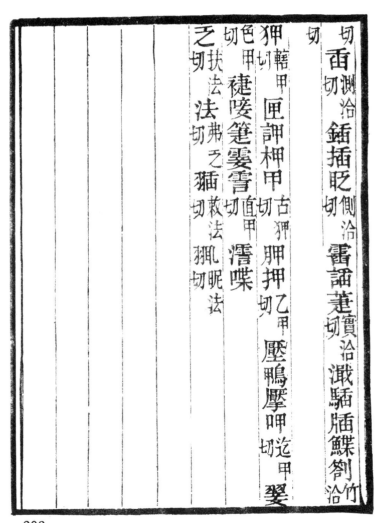

詞林正韻卷下

光緒辛巳三月校刻雙白漱玉三家詞竟許鶴巢前輩貽我是册伏而讀之迺戈寶士詞林正韻也夫詞爲古樂府歌謠變體晚唐北宋間特文人游戲之筆被之伶倫實由聲而得韻南渡後與詩并列詞之體始尊詞之眞亦漸失當其末造詞已有不能歌者何論今日故居今日而言詞韻實與律相輔蓋陰陽淸濁舍此更無從叶律是以聲亡而韻始嚴此則戈氏著書之微恉也按詞韻之最古者爲菉斐軒詞韻秦敦夫太史刻之而疑爲元明之季謬託又疑其專爲北曲而設信然外此如文會堂學宋齋諸家多强作

解事未足據依戈氏書最晚出亦最精核可謂前無
古人矣原板聞已燬于兵而金科玉律實為塡詞家
所不可少因坿栞三家詞後以廣其傳上距成書之
期適甲子一周矣臨桂王鵬運佑遐識